Flávio
Henrique
Caetano
**de Paula
Maimone**

**Efetividade
na Proteção** de
Dados Pessoais

Responsabilidade Civil na LGPD

Apresentação de **Bruno Miragem**
Prefácio de **Ana Cláudia Corrêa Zuin Mattos do Amaral**

2022 © Editora Foco
Autor: Flávio Henrique Caetano de Paula Maimone
Diretor Acadêmico: Leonardo Pereira
Editor: Roberta Densa
Assistente Editorial: Paula Morishita
Revisora Sênior: Georgia Renata Dias
Revisora: Simone Dias
Capa Criação: Leonardo Hermano
Diagramação: Ladislau Lima e Aparecida Lima
Impressão miolo e capa: DOCUPRINT

DIREITOS AUTORAIS: É proibida a reprodução parcial ou total desta publicação, por qualquer forma ou meio, sem a prévia autorização da Editora FOCO, com exceção do teor das questões de concursos públicos que, por serem atos oficiais, não são protegidas como Direitos Autorais, na forma do Artigo 8º, IV, da Lei 9.610/1998. Referida vedação se estende às características gráficas da obra e sua editoração. A punição para a violação dos Direitos Autorais é crime previsto no Artigo 184 do Código Penal e as sanções civis às violações dos Direitos Autorais estão previstas nos Artigos 101 a 110 da Lei 9.610/1998. Os comentários das questões são de responsabilidade dos autores.

NOTAS DA EDITORA:
Atualizações e erratas: A presente obra é vendida como está, atualizada até a data do seu fechamento, informação que consta na página II do livro. Havendo a publicação de legislação de suma relevância, a editora, de forma discricionária, se empenhará em disponibilizar atualização futura.
Erratas: A Editora se compromete a disponibilizar no site www.editorafoco.com.br, na seção Atualizações, eventuais erratas por razões de erros técnicos ou de conteúdo. Solicitamos, outrossim, que o leitor faça a gentileza de colaborar com a perfeição da obra, comunicando eventual erro encontrado por meio de mensagem para contato@editorafoco.com.br. O acesso será disponibilizado durante a vigência da edição da obra.

Impresso no Brasil (11.2021) – Data de Fechamento (11.2021)

2022
Todos os direitos reservados à
Editora Foco Jurídico Ltda.
Avenida Itororó, 348 – Sala 05 – Cidade Nova
CEP 13334-050 – Indaiatuba – SP

E-mail: contato@editorafoco.com.br
www.editorafoco.com.br

2022

Flávio
Henrique
Caetano
**de Paula
Maimone**

**Efetividade
na Proteção** de
Dados Pessoais

Responsabilidade
Civil na LGPD

Apresentação de **Bruno Miragem**
Prefácio de **Ana Cláudia Corrêa Zuin Mattos do Amaral**

Dados Internacionais de Catalogação na Publicação (CIP) de acordo com ISBD

M223r   Maimone, Flávio Henrique Caetano de Paula
Responsabilidade civil na LGPD: efetividade na proteção de dados pessoais / Flávio Henrique Caetano de Paula Maimone. - Indaiatuba, SP : Editora Foco, 2022.

128 p. ; 17cm x 24cm.

Inclui bibliografia e índice.

ISBN: 978-65-5515-402-3

1. Direito. 2.Responsabilidade civil. 3. Lei Geral de Proteção de Dados. I. Título.

2021-4116   CDD 340   CDU 34

Elaborado por Odilio Hilario Moreira Junior - CRB-8/9949
Índices para Catálogo Sistemático:

1. Direito 340
2. Direito 34

*Às três estrelas que iluminam minha vida:
minha mãe Edna; minha esposa Jaqueline; e Manuela, filha amada que Deus me confia
para, com Ele, cuidar e mostrar caminhos para felicidade e amor.*

AGRADECIMENTOS

"O conhecimento é como um jardim: se não for cultivado, não pode ser colhido", diz um provérbio africano. Interessante como tudo parece ser cíclico. Ao mesmo tempo que esse livro pode representar um acesso a conhecimento e, pois, a cultivo, ele é minha colheita de um jardim coletivo e, paradoxalmente, me é novo cultivo. Nenhum livro nasce dele mesmo, mas de inegáveis fontes e influências na vida de seu autor, além de importantes contribuições que possibilitam reduzir as insuficiências do escritor. No meu caso, fontes e influências das mais generosas me permitiram o encanto pela busca do aprendizado, por desejar aproveitar o caminho sem esperar o resultado. Quando iniciei minha pesquisa no mestrado, eram outros caminhos que eu percorria, mas que, sem que eu soubesse, me fariam bater às portas de reflexões e dúvidas que me levaram ao *saboroso* tema da Responsabilidade civil na LGPD.

Graças a Deus, temos mais dúvidas do que saberes, temos muito mais a aprender do que acreditamos já conhecer. Agradeço a Deus que, sendo único, parece se multiplicar tamanhas, tantas e tão diversas moradas e caminhos que nos são oportunizados estar e percorrer.

Em uma de Suas moradas, sinto-me em casa, onde me é oferecido buscar reconhecer a presença de Deus em mim e com isso, aprender o tanto que Deus me ama. Confesso que é difícil, mas quando penso nas pessoas que eu conheci e conheço, é facilitada a compreensão de que, realmente, Deus me ama. Claro, como ama a todas e todos.

Sentir o amor é mesmo Divino e a gratidão não deixa de ser uma forma de amor, pois dizia Antístenes, "gratidão é a memória do coração". Quantas memórias povoam meu coração! Minha mãe, minha esposa, minha filha! Como as amo! Como lhes sou grato!

Ao sentir o amor Divino, a memória de meu coração pulsa por minha mãe. Pessoa fantástica. Guerreira, parceira, generosa. Verdadeiramente amorosa, em quem me espelho para ser pai, dedicado e presente! Na belíssima oração de São Francisco, nos é ensinado a doar, ainda que queiramos receber. Foi o que minha mãe – sem essas palavras, mas com ações – me ensinou: o amor é algo que se doa e quanto mais é doado, ainda mais percebido, sentido e vivido.

Foi assim que conheci Jaqueline – percebendo, sentindo e vivendo o amor –, há mais de vinte anos, minha parceira de jornadas, de histórias, de buscas por aprendizado e crescimento.

Com a Jaque, ganhamos a missão de sermos padrinho e madrinha da amorosa Yasmin, confiança depositada por amados irmãos do coração, Naldo e Dri. Com a

Jaque, fomos abençoados com apadrinhamento de nossa sobrinha, forte e doce Joana, filha de meu amado irmão, Guto, e de minha amada cunhada Rita, cujo presente de ser padrinho da Jojô me revelou a reciprocidade de um amor profundo que tenho por esse irmão fantástico, meu grande amigo.

Com a Jaque, ganhei um pai e uma mãe, Nivaldo e Helena, a quem sou grato pela acolhida e por tanto carinho. E, ainda, recebemos emprestada uma filha de Deus para com Ele partilhar e poder chamar de nossa. Manuela, filha abençoada, gentil, generosa, sorridente, feliz e muito amada!

Ah! Deus! Gratidão por tanto amor! Gratidão por tantos caminhos!

Gratidão por quem me guia nos caminhos da fé, do amor e do percorrer constante em busca do querer reconhecer-me amado por Deus. Gratidão a meu Pai de Santo, Pai Caetano de Oxóssi, de quem tenho a alegria de ser irmão de sangue e com quem aprendo tanto sobre o amor; quem me oferece meios para crescimento e busca por felicidade verdadeira, com quem já pude sentir a presença Divina em tantos momentos em nossa amada Casa, o Terreiro de Umbanda Luz, Amor e Paz. Agradeço a cada irmã e irmão de fé. Agradeço a Deus, aos Seus Movimentos de amor e oportunidade, aos Orixás, às entidades de luz, mensageiras de Deus.

Gratidão por tantas buscas. Todas coletivas! E, assim, vamos recebendo oportunidade de aprender que *sou o que sou, pelo que nós somos* (Ubuntu).

Gratidão pelas coletividades a quem tive e tenho acesso. Ao coletivo de colegas e professores, em sua bela diversidade, desde o período pré-escolar, ensino fundamental, médio e superior.

No ensino superior, tive oportunidade de ser recebido onde seria minha casa. A Universidade Estadual de Londrina, base de minha graduação, de meu mestrado, onde posso ter a alegria de ser professor convidado na pós-graduação. Agradeço aos colegas de UEL, em nome dos admirados amigos Marcio Bonini e Haline Ottoni!

Gratidão ao BRASILCON (Instituto Brasileiro de Política e Direito do Consumidor), casa de tantas amizades e de tantos estímulos e inspirações ao conhecimento voltado ao outro, à sociedade, em respeito à diversidade e à vulnerabilidade. Casa de Leonardo Roscoe Bessa, Claudia Lima Marques, Bruno Miragem, Amanda Flávio de Oliveira, Oscar Ivan Prux. Casa de tantos e tantas. Casa para tantos e tantas...

Gratidão ao Centro de Direito do Consumo, da Faculdade de Direito da Universidade de Coimbra, onde pude ser aluno de especialização em direito do consumo.

Agradeço uma vez mais à UEL por me permitir ser seu filho. Ao Mestrado, de onde nasceriam sementes para esse livro, devo agradecer aos colegas e abnegados professores! Agradeço sobretudo à minha orientadora, professora doutora Ana Cláudia Corrêa Zuin Mattos do Amaral, com quem pude trilhar um caminho de ponderações, estímulos, provocações e inúmeras oportunidades de aprendizado. Agradeço à qualificada banca, formada pela minha orientadora, pelo professor doutor

Roberto Marquesi e pela professora doutora Jussara Suzi Assis Borges Nasser Ferreira por tantos questionamentos e preciosas sugestões.

Agradeço à generosidade e à amizade de alguém que eu jamais imaginei poder chamar de amigo, de um professor referência do Direito, de alguém que considerei (e considero) como ídolo e espelho. Alguém que conheci como professor e pude conhecer como pessoa, também a me inspirar. Obrigado por sua amizade, meu amigo Bruno Miragem!

Minha gratidão sempre a meu sócio no escritório e na VaR, meu amigo Rodolfo Spigai. Sem sua colaboração, abdicação, tolerância, extrema parceria, eu não poderia ter trilhado tantos caminhos em minha vida. Com você, aprendo constantemente. A você, minha gratidão! Que se estende à competente equipe que formamos, representada com maestria pela nossa querida e admirada amiga Viviane Lopes!

Agradeço à Myriam Gholmié, com quem tive a alegria de trabalhar, pela qualidade e pelo cuidado que foram dedicados na revisão ao texto, com seriedade e competência.

Preciso e quero registrar minha gratidão à Editora Foco, e à professora Roberta Densa, pela recepção de meu texto, pelas contribuições e pela belíssima edição. Publicar com a Foco enche-me de felicidade e gratidão e, portanto, enche meu coração de boas memórias!

Gratidão aos anônimos e aos esquecidos! São tantas as pessoas que cruzam nossos caminhos, são tantas que nos impulsionam sem que possamos perceber ou consigamos reconhecer...

Flávio Henrique Caetano de Paula Maimone

PREFÁCIO

A obra promove o encontro entre dois temas cruciais para o Direito, sobretudo o Privado. De um lado, a sempre atual e desafiadora responsabilidade civil e, de outro, a marcante proteção de dados pessoais.

Nos estudos do Programa de Mestrado e Doutorado em Direito Negocial de nossa Universidade Estadual de Londrina, o foco de nossa pesquisa é a responsabilidade civil, instituto que se renova e evolui em seus pressupostos e, como também destaca o livro, deve igualmente acontecer com as suas funções.

É nessa linha que há reflexões sobre o objetivo da responsabilidade civil encontrando caminhos para realizar seu propósito. Como diz o autor: "a responsabilidade civil, efetivamente, é a (senão única, crucial) porta procurada quando há presença de conduta antijurídica a causar dano, sendo que a razão de ser do instituto é atuar no equilíbrio (seja para o restabelecimento, seja para preservação). Talvez por isso haja constante evolução na responsabilidade civil, sobre a qual jurisprudência e literatura jurídica debruçam-se cotidianamente".

Ao debruçar-se sobre mencionada porta, o autor nos permite visitar seus pensamentos e conhecer seu sólido posicionamento de que a responsabilidade civil tem efetividade e, quando necessário, constrói essa efetividade com a condenação do lesante na transferência ao lesado dos ganhos advindos do ilícito.

Efetivamente, se é possível à responsabilidade civil cumprir a função preventiva com a remoção do ilícito lucrativo, ressignificando o princípio da reparação integral com a condenação além dano, muito mais perceptível a possibilidade – e viabilidade – no direito do consumidor (área que o autor estuda há mais de uma década) e no direito digital, com a proteção dos dados pessoais, onde há a expressa previsão legal: os danos devem ser evitados.

A contribuição da responsabilidade civil com a prevenção de danos pode acontecer com a condenação do lesante na remoção dos proveitos indevidos, ainda que em montante superior ao dano. O autor provoca-nos positivamente quando chama atenção para o uso da responsabilidade civil, *contrario sensu*, para manutenção do fruto do ilícito com o torpe, beneficiando-o sob o pretexto de que a indenização mede-se pela extensão do dano. Aponta o autor o remédio da responsabilidade civil pelo ilícito lucrativo, sustentando-se em importante doutrina nacional e extravagante.

Em outra ponta do encontro mencionado, a obra verticaliza conhecimento aos já familiarizados com a proteção dos dados pessoais, ao mesmo tempo em que representa um bom início aos que pretendem descortinar o tema, uma vez que o livro traz desde o estado da arte, perpassando pelos fundamentos jurídicos e por princípios da proteção de dados pessoais e da privacidade, até chegar às previsões da LGPD acerca da responsabilidade civil.

Nessa temática, o autor defende que a LGPD estabelece a responsabilidade civil objetiva, verificável por falha no dever de segurança, com a obrigação aos agentes da chamada proatividade, em que há o comando de promover as atividades de tratamento de dados com mecanismos hábeis na preservação da segurança, a fim de evitar danos aos titulares de dados e a terceiros.

O livro traz acréscimos importantes em relação à dissertação defendida e aprovada por unanimidade por qualificada banca examinadora, com destaque para aquela sugerida na arguição: uma proposta de alteração legislativa. Nova felicidade do autor que sugere que a indenização seja medida, na LGPD, pela extensão dos ilícitos lucrativos.

Com efeito, a didática da escrita permite fluida e prazerosa leitura. Enquanto a comunidade acadêmica ganha uma obra referência de estudo e de pesquisa, a comunidade jurídica passa a contar com base para fundamentações de defesas e decisões. Ganha, assim, a sociedade.

Ana Cláudia Corrêa Zuin Mattos do Amaral

Doutora em Direito Civil Comparado pela Pontifícia Universidade Católica de São Paulo (PUC/SP). Mestre em Direito Negocial pela Universidade Estadual de Londrina. Professora Adjunta do Curso de Direito e Docente Permanente do Programa de Mestrado em Direito Negocial da Universidade Estadual de Londrina. anaclaudiazuin@live.com.

APRESENTAÇÃO

A proteção dos dados pessoais concentra preocupações do Direito na sociedade de informação. De fato, na sociedade de massas e sob o influxo das novas tecnologias, ganha importância a identificação pessoal e o reconhecimento de sua identidade a partir dos dados que são tornados disponíveis por diferentes meios, tornando-se um ativo importante na vida de relações. Parte-se da ideia básica de que incumbe à própria pessoa o direito de controlar os dados que digam respeito a si, no que se conformou com um direito à autodeterminação informativa, a partir de importante construção jurisprudencial e doutrinária do direito alemão – *Grundrecht auf informationelle Selbsbestimmung*. A rigor, a proteção de dados pessoais projeta-se em diferentes espécies de relação jurídica, de direito público e privado. Nas relações entre o indivíduo e o Estado, baseia-se em garantias e direitos fundamentais próprios do Estado de Direito, com a proteção da vida privada, da liberdade e da igualdade. A fórmula aqui, é uma só: o Estado não deve investigar seus cidadãos ou imiscuir-se em sua vida sem justificativa legítima estrita.

Mas não apenas nas relações com o Estado situam-se as questões fundamentais sobre o tema. No domínio privado, onde exista relação de poder, há risco sensível de que o acesso a dados pessoais desborde para sua utilização indevida. Nas relações de trabalho, vão longe os relatos sobre a discriminação de trabalhadores em razão de certas qualidades que emergem de seus dados pessoais, no tocante a discriminações manifestamente ilícitas (e.g. em razão de raça, sexo ou orientação sexual), ou ainda pelo simples fato do exercício de direitos (e.g. listas negras dada certa atuação política). Já no domínio dos negócios, os dados dos consumidores e seu adequado tratamento revelam um meio decisivo para otimização e eficiência de ofertas e publicidade e análise de riscos. Abre-se também aos riscos para o tratamento irregular, que discrimina injustamente ou seleciona fora do que permite a lei, sem falar dos casos de violação de segurança dos dados, dando margem a fraudes.

É sobre estes fatos que se debruça a atenção e a análise do estudo ora tornado disponível ao público, fruto da dissertação de mestrado do Professor Flávio Henrique Caetano de Paula Maimone na Universidade Estadual de Londrina, intitulada "Responsabilidade civil na LGPD: efetividade na proteção de dados pessoais." Digo com frequência, e repito aqui: nos voltamos, no Direito, à responsabilidade civil, quando todas as demais respostas ao problema não lograram êxito. Afinal, trata-se já da resposta a um dano causado em razão da violação de direitos subjetivos da vítima. O Direito deve incidir antes, para prevenir a violação e o dano, mas o móvel dos comportamentos humanos e, agora, os riscos da tecnologia e do autômato, não o permitem, exigindo a resposta da responsabilidade civil também para a reparação e satisfação da vítima, e o desestímulo a futuras lesões.

Daí a oportunidade da obra, que muito também diz – como não seria diferente – sobre seu autor. A compreensão ética do Direito como instrumento de proteção da pessoa humana associa-se à busca de soluções que assegurem sua efetividade, passando ao largo de visões meramente retóricas ou excessivamente formalistas sobre o fenômeno jurídico. Aqui se aliam a visão humana e a preocupação do jurista. E se explica o trajeto argumentativo da obra. Flávio Caetano ocupa-se em identificar a necessidade de proteção da pessoa titular dos dados a partir da disciplina imposta pela nova Lei 13.709, de 14 de agosto de 2018 – Lei Geral de Proteção de Dados Pessoais – mas sem desconhecer sua necessária aplicação em conjunto com outras normas que também disciplinam o mercado e se orientam à proteção dos mais fracos, em especial, nas relações de consumo, do Código de Defesa do Consumidor. Utilizando da técnica do diálogo das fontes, orienta sua interpretação e aplicação sistemática à proteção da pessoa humana.

Para tanto, embora resulte em trabalho de dissertação, onde não se exige, necessariamente, a novidade absoluta das conclusões, propõe verdadeira tese, que é o exame da responsabilidade por danos ao titular dos dados em razão do tratamento irregular, não baseado exclusivamente no prejuízo efetivamente sofrido, ou no agravo moral resultante do ilícito, mas em vista da vantagem obtida pelo lesante. Atrai para o regime de responsabilidade no âmbito da Lei Geral de Proteção de Dados, a dogmática do denominado "ilícito lucrativo", dando margem também ao que, no plano da rejeição ao enriquecimento sem causa, se identifica com o denominado lucro de intervenção.

A visão pragmática e correta do jurista, contudo, também se impõe. O autor nota que não basta simplesmente sugerir interpretação para além do que o texto normativo suporta; respeita, pois, os limites semânticos e lógicos do sistema fundado pela LGPD. Por isso, não se furta de propor alteração legislativa relevante que, na sua visão, encontraria o fundamento para assegurar maior efetividade. Especificamente, sugere, com detalhes, a reescrita do art. 42 da LGPD, norma-base do sistema de responsabilidade dos agentes de tratamento. O faz com o objetivo de consignar regra geral sobre a natureza objetiva e solidária da responsabilidade, assim como para inclusão de novo art. 42-A, definindo como escopo da indenização o "retorno do ofensor à condição anterior ao ilícito praticado, não se admitindo o benefício da própria torpeza".

Concorde-se ou não com a proposta, sua originalidade é indiscutível, e provoca reflexão sobre o próprio lugar da responsabilidade civil e da efetividade de sua resposta no caso de danos de massa, cuja percepção individual seja reduzida. Ao mesmo tempo, expõe o espírito do nosso tempo, em que as soluções tradicionais do Direito são colocadas à prova das profundas e velozes transformações da realidade da vida.

Por todas estas razões a obra de Flavio Caetano merece atenta leitura, para o que contribui, igualmente, a trajetória e as qualidades pessoais do autor. Trata-se de profissional e estudioso do direito, reconhecido por seus pares e liderança da advocacia londrinense, cujos méritos se espraiaram Brasil afora, destacando-se, especialmente, no âmbito do direito do consumidor, seja pelos eventos e exposições que coordena ou colabora, há muitos anos, no Paraná, seja por sua atuação no Instituto Brasileiro de Política e Direito do Consumidor – Brasilcon – entidade cuja diretoria integra há várias gestões. Para além dos registros formais, contudo, faço questão de mencionar que a par de seu reconhecido carisma e generosidade, é jurista imbuído de um profundo sentido ético de sua função social, na proteção dos valores jurídicos mais elevados – e isso diz muito. Da mesma forma, seus fortes vínculos de espiritualidade permitem a visão mais ampla dos fenômenos da vida, que não se esgotam nos cercados do Direito ou da Técnica, mas avançam sobre diversas outras dimensões da existência.

Cumprimento, igualmente, pela publicação, a Editora Foco, farol que segue iluminando a doutrina jurídica nacional em um cenário de adversidade que desafia o mercado editorial. É de desejar que este trabalho seja lido e aproveitado, como importante contribuição que é para busca de respostas adequadas a um tema de atualidade e importância indiscutível, como o são as bases legais do tratamento de dados pessoais, no equilíbrio entre suas múltiplas utilidades e riscos.

Porto Alegre, setembro de 2021.

Bruno Miragem
Professor da Universidade Federal do Rio Grande do Sul. Advogado e parecerista.

SUMÁRIO

AGRADECIMENTOS VII

PREFÁCIO XI

APRESENTAÇÃO XIII

1. INTRODUÇÃO 1

2. FUNDAMENTOS JURÍDICOS DA PROTEÇÃO DE DADOS PESSOAIS 5

    2.1   A vigilância de informações e os fundamentos da proteção de dados pessoais   7

    2.2   Notas acerca do estado da arte da proteção dos dados pessoais 13

    2.3   A Lei Geral de Proteção de Dados Pessoais 16

    2.4   Princípios da proteção de dados pessoais 19

    2.5   Diálogo das fontes 22

        2.5.1   A proteção do titular de dados pessoais e a proteção do consumidor. 25

        2.5.2   O Diálogo entre a Lei Geral de Proteção de Dados Pessoais e o Código Civil 28

3. PRETENSÕES RESTITUTÓRIAS PELO ILÍCITO LUCRATIVO 31

    3.1   Fundamentos das pretensões restitutórias do ilícito lucrativo 32

    3.2   Pretensões restitutórias sob o ponto de vista do enriquecimento sem causa: o lucro da intervenção 34

        3.2.1   Justificações do enquadramento do lucro da intervenção sob o manto do enriquecimento sem causa em disputa com a responsabilidade civil 35

    3.3   Pretensões restitutórias pela via indenizatória: a responsabilidade civil pelo ilícito lucrativo 40

        3.3.1   Pontos de Vista Acerca da Responsabilidade Civil 42

            3.3.1.1   Notas sobre as funções da responsabilidade civil 45

                3.3.1.1.1   Função reparatória 46

                3.3.1.1.2   Função punitiva 47

                3.3.1.1.3   Função preventiva 49

        3.3.2   As possibilidades de inclusão da restituição dos lucros ilícitos na responsabilidade civil e a superação dos obstáculos ao pretenso enquadramento 50

4. A OPERABILIDADE DO DIÁLOGO DAS PRETENSÕES RESTITUTÓRIAS DOS LUCROS ILÍCITOS COM A RESPONSABILIDADE CIVIL POR VIOLAÇÃO DE DADOS PESSOAIS 57

    4.1   Um Passo Atrás: Responsabilidade Civil na LGPD 57

            4.1.1   Enfrentamentos de reflexões que conduziriam à responsabilidade civil subjetiva 60

            4.1.2   Responsabilidade civil objetiva com novo regime 66

            4.1.3   Anotações da Responsabilidade Civil na LGPD: Solidariedade, Nexo Causal, Excludentes e Responsabilidade dos Agentes 71

    4.2   Um passo adiante para a responsabilidade civil pelo ilícito lucrativo: a indenização restitutória na LGPD 74

            4.2.1   O dano advindo da violação da Lei Geral de Proteção de Dados pessoais e sua quantificação 75

            4.2.2   Investigação das decisões monocráticas do STJ a respeito do ilícito lucrativo.. 82

            4.2.3   A efetividade da responsabilidade civil pelo ilícito lucrativo como remédio no intuito de priorizar a concretude da LGPD..................... 85

            4.2.4   Proposta de alteração da LGPD 90

5. CONCLUSÃO... 93

REFERÊNCIAS.. 97

1
INTRODUÇÃO

Nas antigas *vendinhas* ou pequenos armazéns, o nome do *freguês* era anotado ao lado do valor da compra feita naquele dia, somando-se às demais para, no fim do mês, serem cobradas. Tudo estava na caderneta. Muitas vezes, as preferências dos clientes mais assíduos já vinham à memória do vendedor, que se antecipava à vontade do comprador para demonstrar a sua importância.

A sociedade mudou. Todavia, as informações sobre hábitos de consumo e valor que se costuma desembolsar por mês em determinado seguimento, bem como a possibilidade de antever os pedidos de clientes, quiçá despertar novas necessidades em consonância com as já demonstradas, ainda são objetos de desejo de vendedores.

A diferença é que as informações da caderneta ganharam as nuvens, em volume e variedade incalculáveis por pessoas naturais. Computadores calculam e cruzam os dados que as pessoas sequer sabem ou lembram-se do compartilhamento. Tudo em uma velocidade de acesso praticamente instantânea.

Efetivamente, as mudanças aconteceram tão rapidamente que há a impressão de que sempre se esteve on-line. O problema é que, mesmo off-line, os dados permanecem à disposição de quem sabe onde procurá-los e quanto pagar por eles. Avançou-se de tal forma sobre os dados pessoais que a noção de privacidade foi redesenhada e sujeita a tamanhos riscos que efervesceram novas normas em todo o mundo para regulamentar e proteger as pessoas do ávido mercado.

No Brasil, apesar da existência de fragmentadas regulações, não se vislumbra efetividade na proteção da privacidade, tampouco adequada resposta às violações dos dados. É verdade que a responsabilidade civil desdobra-se para oferecer mecanismo hábil para coibir lesões a direitos e interesses, a partir de reiterados estudos com percursos da culpa ao risco e sobre novos danos, alcançando-se a mensuração da condenação do ofensor na restituição de ganhos obtidos do ilícito.

Os dois campos acima referidos encontram-se em franco debate. De um lado, aspectos da nova Lei Geral de Proteção de Dados (LGPD) – Lei 13.709/2018. De outro, o enquadramento da restituição dos lucros ilícitos no instituto da vedação ao enriquecimento sem causa ou, então, na responsabilidade civil. Observa-se, na nova Lei, um regime de responsabilidade civil próprio. Assim, os estudos sobre a sua natureza pululam.

Verificamos, dessa maneira, que há controvérsia tanto no que se refere a qual seria o regime de responsabilidade civil pela Lei Geral, como em relação ao caminho mais eficaz para não mais permitir que o transgressor mantenha-se com o objeto da violação. Destarte, acreditamos na relevância da investigação dos temas, promovendo seu encontro.

Como problema, então, exsurge a tese da aplicabilidade da responsabilidade civil por ilícitos lucrativos nas situações circunscritas às violações aos dados pessoais. Investigamos essa hipótese com o fim de verificar a viabilidade do diálogo entre as aludidas leis. Para tanto, realizamos um recorte, restringindo a análise aos danos individuais.

Estudamos, pois, a disciplina específica inserta na LGPD e, nesta, passamos por temas relacionados direta e indiretamente com a responsabilidade civil. Além disso, referimo-nos ao diálogo das fontes, em que se busca a proteção do titular de dados pessoais, inclusive, quando for o caso, na condição de consumidor e, ainda, com concomitante aplicabilidade do Código Civil.

Pretendemos identificar e descrever os fundamentos jurídicos de proteção de dados pessoais, a começar pelos constitucionais. Na sequência, buscamos a legislação infraconstitucional, sobretudo o que concerne às previsões inauguradas com a LGPD, perpassando pela regulamentação esparsa da proteção de dados em normas jurídicas brasileiras e pelas regras específicas da mencionada Lei.

Após, averiguamos o ilícito lucrativo configurado pelo ganho derivado de não autorizada interferência em bens ou direitos alheios, com o necessário e consequente dever de restituir esse indevido proveito. Posicionamo-nos, assim, no sentido de evitar a injustificada exploração de direito e interesse alheio e de fomentar a remoção efetiva de lucros ilícitos.

Tencionamos levantar aspectos da responsabilidade civil e da vedação do enriquecimento sem causa para identificar o enquadramento da restituição dos lucros ilícitos e esclarecer o motivo da específica aplicação legal aos casos de violação de normas ligadas à proteção de dados pessoais, notadamente as estatuídas pela Lei Geral.

Avaliamos pesquisas atinentes aos temas para promover o encontro de ambos. Quanto às investigadas restituições de lucros ilícitos, os estudos mostram caminhos a romper com o que não se coaduna com o Direito, isto é, mecanismos para afastar o benefício da própria torpeza, identificado quando o lesante mantém-se com o resultado da indevida exploração. Vale ressaltar que alguns julgamentos relativos ao assunto começaram a chegar ao Superior Tribunal de Justiça.

De igual modo, embora a Lei Geral de Proteção de Dados Pessoais tenha muito recentemente entrado em vigor, é possível encontrar instigantes pesquisas sobre a natureza da responsabilidade civil lá disposta – se objetiva, subjetiva ou, ainda, além dessa dicotomia. Tais estudos contribuem para esclarecer se a responsabilidade civil da LGPD recepciona a restituição de lucros ilícitos.

Todo esse percurso foi traçado e resultou na divisão dos próximos capítulos desta obra. O capítulo dois trata dos fundamentos e da natureza da proteção de dados pessoais, de algumas das leis esparsas que disciplinam a matéria, da nova LGPD – com a estrutura normativa e os princípios atinentes à responsabilidade civil –bem como da previsão da Lei Geral tocante ao diálogo das fontes.

Após, o capítulo três destina-se às pretensões restitutórias, com investigação tanto do chamado lucro da intervenção, albergado no enriquecimento sem causa, quanto dos lucros ilícitos no interno da responsabilidade civil, perquirindo qual dos mencionados institutos é apto a determinar, com efetividade, a remoção dos lucros ilícitos do lesante para transferi-los ao lesado.

Uma vez compreendida a questão, no capítulo quatro, o foco passa a ser o regime jurídico da responsabilidade civil da Lei Geral de Proteção de Dados Pessoais, perpassando por aspectos como nexo causal, ônus da prova e excludentes de responsabilidade. Então, a investigação avança para o dano, a extensão da indenização e, ainda, para a aptidão da remoção dos ganhos obtidos ilicitamente, promovendo a transferência destes ao titular de dados pessoais. Destarte, estudamos a viabilidade da responsabilidade civil dos lucros ilícitos na LGPD como mecanismo a oferecer o máximo de efetividade à proteção de dados pessoais.

Para tanto, realizamos uma revisão bibliográfica e jurisprudencial tocante às adesões da literatura pelas vias da responsabilidade civil e da vedação ao enriquecimento sem causa, apurando a viabilidade técnica de enquadrar a restituição do lucro ilícito na responsabilidade civil, quando preenchidos seus pressupostos, de maneira a superar obstáculos previamente examinados por autores refratários à mencionada delimitação.

Com os mesmos procedimentos de pesquisa acima referidos, investigamos a pretensão restitutória de lucros ilícitos oriundos de exploração não autorizada de dados pessoais como o caminho a oferecer operabilidade à responsabilidade civil por violação à Lei Geral de Proteção de Dados Pessoais.

Em ambos os campos de pesquisa, buscamos demonstrar a aplicabilidade da indenização restitutória dos lucros ilícitos em casos de violação à Lei Geral de Proteção de Dados Pessoais, transferindo-os do ofensor ao titular dos dados pessoais.

2
FUNDAMENTOS JURÍDICOS DA PROTEÇÃO DE DADOS PESSOAIS

Com a internet das coisas e o *big data* permitindo veloz acesso a imenso volume de informações, torna-se presente o cruzamento de dados pessoais, que ficam à disposição para serem instrumentalizados das mais diversas formas[1], nem todas legítimas, tampouco lícitas. Isso tem levado Estados ao questionamento e à regulação de limites de acesso e uso, para resguardar direitos.

É o caso da privacidade que, outrora considerada como direito de "ser deixado só" (WARREN; BRANDEIS, 1890), modificou-se quanto à autodeterminação informativa e, atualmente, é identificada como a faculdade de a pessoa controlar as informações que lhe são pertinentes[2]. Dessa forma, está relacionada ao direito do titular controlar os seus dados, elegendo quais dados são mantidos consigo, quais são compartilhados e com quem[3].

Antes de prosseguir na investigação, é importante apresentar o conceito de dados pessoais estabelecido pela norma brasileira, qual seja: "informação relacionada a pessoa natural identificada ou identificável" (artigo 5º, inciso I, Lei 13.709/2018). A despeito do elo entre dado e informação, salienta-se que não são sinônimos: "o termo dado apresenta conotação um pouco mais primitiva e fragmentada, como se fosse uma informação em estado potencial, antes de ser transmitida [...], uma espécie de *pré-informação*" ainda sem submissão a processos de elaboração e interpretação (DONEDA, 2011, p. 94).

De outra sorte, a informação resulta de ação interpretativa e, portanto, depende do contexto verificado por um intérprete ou observador[4], ou seja, a informação resulta da interpretação dos dados, consiste na "substância do processo de comunicação de mensagem entre dois entes. Ela interessa ao direito quando está inserida

---

1. Como a publicidade dirigida a cada pessoa conforme seus próprios gostos.
2. "[...] a privacidade, antes compreendida, prioritariamente, como o direito negativo de ser deixado em paz (*right to be let alone*), passa a significar também o controle dos dados pessoais pelo próprio indivíduo, que decide quando, como e onde os seus dados pessoais devem circular" (MENDES, 2014, s/p).
3. Nessa linha, Claudia Lima Marques e Guilherme Mucelin (2018, p. 395-396) tratam da privacidade, "na sociedade da informação na qual estamos inevitavelmente inseridos, como o direito ao controle de dados por parte de seu titular e o direito a distinguir quais dados poderão estar disponíveis a terceiros".
4. Nesse sentido: MENDES, 2014, s/p.

no sistema social" (KRETZMANN, 2019, p. 19), constitui direito fundamental e básico do consumidor[5].

Sob esse aspecto, há uma enormidade de dados sobre as pessoas naturais, inclusive com parte disponibilizada despretensiosamente, para se ter acesso a um sorteio, a uma brincadeira em uma rede social, para compra de produtos e serviços. Enfim, os cadastros realizados para tantos fins contêm dados pessoais, notadamente quando já realizada ação interpretativa ou passível de elaboração e interpretação, ou seja, ali as informações encontram-se reveladas nos dados pessoais.

É a partir da informação que a pessoa humana tem expostos dados, inclusive referentes a outros direitos da personalidade, como a identidade, o nome, a imagem, enfim, um extenso, importante e aberto rol. Nessa perspectiva, tais direitos podem ser reconhecidos como "caracteres incorpóreos e corpóreos que conformam a proteção da pessoa humana. Nome, honra, integridade física e psíquica seriam apenas alguns dentre uma série de outros atributos que dão forma a esse prolongamento" (BIONI, 2019, p. 63).

Em outros dizeres, a proteção dos dados pessoais, com o objetivo estabelecido pelo artigo 1º da Lei Geral de Proteção de Dados[6], procura tutelar a pessoa humana[7], identificada ou passível de identificação, cujas informações precisam ser protegidas além do aspecto de sua privacidade, eis que a proteção de dados "é fundamento para a preservação da individualidade, da liberdade e da própria democracia" (FRAZÃO, 2020a, s/p)[8].

Pretendemos, dessa forma, identificar e descrever os fundamentos jurídicos de proteção de dados pessoais, constitucionais e infraconstitucionais, sobretudo das previsões normativas inauguradas com a Lei Geral de Proteção de Dados Pessoais, sem perder de vista a disciplina esparsa da proteção de dados em normas jurídicas brasileiras[9].

---

5. Nesse sentido: BARBOSA, 2008, p. 47.
6. "Art. 1º Esta Lei dispõe sobre o tratamento de dados pessoais, inclusive nos meios digitais, por pessoa natural ou por pessoa jurídica de direito público ou privado, com o objetivo de proteger os direitos fundamentais de liberdade e de privacidade e o livre desenvolvimento da personalidade da pessoa natural".
7. Anote-se que – a despeito da previsão legal referir-se aos dados pessoais como aqueles de pessoas naturais – há crítica à limitação legislativa, bem como proposta de leitura com diálogo das fontes com o Código Civil para aplicar a Lei Geral de Proteção de Dados Pessoais também, e no que couber, para proteção de dados de pessoas jurídicas (MAGALHÃES; DIVINO, 2019).
8. Noutro texto, Ana Frazão (2020b, s/p) afirma: "Logo, a privacidade hoje, longe de se restringir à intimidade e ao direito de ser deixado só, ampliou seus domínios para abranger o controle sobre as informações que digam respeito ao sujeito, a autodeterminação informativa, o direito à não discriminação, a liberdade, a igualdade, o direito ao acesso e acompanhamento dos dados pessoais quando se tornam objeto de disponibilidade de outros, dentre outros [...] É claro que a ampliação do direito à privacidade e a sua maior imbricação com outros direitos fundamentais não afasta, de forma alguma, a importância do sentido clássico de privacidade como intimidade".
9. Como o Código de Defesa do Consumidor, a Lei do Cadastro Positivo e o Marco Civil da Internet.

2.1 A VIGILÂNCIA DE INFORMAÇÕES E OS FUNDAMENTOS DA PROTEÇÃO DE DADOS PESSOAIS

Os avanços tecnológicos causaram (e continuam a causar) impactante mudança na forma de trocar informações e nos mais diversos segmentos, em especial os relacionados à comunicação, haja vista o volume, a variedade e a velocidade de bens e serviços oferecidos na internet, com a qual consumidores e empresas estão cada vez mais conectados. Telefones tornaram-se *smartphones*, o que tornou a conectividade instantânea, e a informação buscada passou a se revelar, praticamente, na mesma velocidade. A sensação é de que há constante disponibilidade de acesso a toda e qualquer informação, bem como aos bens, que podem ser adquiridos a todo momento.

Além de telefones, diversos aparelhos podem ser integrados uns aos outros, ou seja, a multiplicidade de bens conectáveis é crescente, e a projeção é de que haja ainda maior interligação entre esses equipamentos. Trata-se da "internet das coisas"[10]. As pessoas naturais, com isso, passaram a disponibilizar seus dados pessoais, como nome, número de documento, fotos, localização, preferências e resistências em relação a informações, produtos e serviços.

Do outro lado dessa vertente, empresas coletam, armazenam, cruzam e compartilham esses dados cuja combinação pode oferecer informação de toda sorte, situação que afeta a privacidade e pode atingir a segurança. O risco está presente. Com o advento da Lei Geral de Proteção de Dados, o debate já estabelecido passa para uma nova fase em relação a preocupações, cuidados e responsabilidades acerca dos dados pessoais. De fato, a "internet das coisas se torna mais proeminente a cada dia. Desenvolvida no contexto de evolução das tecnologias digitais e sendo considerada por muitos um novo paradigma (web 3.0), representa um momento inédito e interessante" às empresas e aos consumidores (MAGRANI, 2018, p. 105-106), cuja exposição demanda proteção.

Efetivamente, a internet das coisas[11], aliada aos consequentes aparecimento e cruzamento de dados, inaugura um novo modelo de economia: a "nova forma econômica flexível, especializada e diversificada", que substitui o modo de produção em massa cuja instabilidade decorre de bruscas oscilações do mercado (MENDES, 2015, p. 184). É o que Bruno Bioni assevera:

> Com a inteligência gerada pela ciência mercadológica, especialmente quanto à segmentação dos bens de consumo (*marketing*) e sua promoção (publicidade), os dados pessoais dos cidadãos

---

10. Nesse sentido: LOH, 2019, p. 08.
11. "Fabricantes já estão incorporando tecnologias para que cada máquina tenha um número IP que a identifique e recursos para conexões na internet. Dessa forma, um eletrodoméstico qualquer poderá ser acessado via Internet e reprogramado. Itens como TVs, geladeiras, ares-condicionados, rádios de automóveis, relógios, câmeras serão todos dotados dessas características. E estarão também se conectando de forma inteligente, através de agentes inteligentes" (LOH, 2019, p. 72).

converteram-se em um fator vital para a engrenagem da economia da informação. E, com a possibilidade de organizar tais dados de maneira escalável (e. g., *Big Data*), criou-se um (novo) mercado cuja base de sustentação é a sua extração e comodificação. Há uma "economia de vigilância" que tende a posicionar o cidadão como um mero expectador das suas informações (BIONI, 2019, p. 12-13).

Após referir-se à expressão "economia da vigilância", citada pelo autor acima, Ana Frazão (2020a, s/p) é categórica ao afirmar que a "violação da privacidade e dos dados pessoais torna-se, portanto, um lucrativo negócio que, baseado na extração e na monetização de dados, possibilita a acumulação de um grande poder que se retroalimenta indefinidamente".

Para que ocorra a acumulação nesse fluxo, os dados pessoais são constantemente compartilhados sem qualquer critério, tampouco controle, constituindo fonte de lucro àqueles que os exploram violando a privacidade de seus titulares. As empresas têm mecanismos crescentes para identificar demandas individualizadas dos consumidores que oferecem dados em suas mídias sociais, a cada curtida, a cada *check in*, bem como em suas procuras feitas em canais de busca e de tantas outras formas[12]. Trata-se, pois, de um verdadeiro varejo dos dados pessoais.

Laura Schertel Mendes e Danilo Doneda (2018, p. 479-480) acentuam a importância da proteção desses dados, por ser algo que se tornou fundamental para a segurança dos consumidores, dos cidadãos e da sociedade. Para esses autores, "os dados pessoais são o insumo de inúmeras atividades econômicas no mundo on-line e off-line". Nessa linha, ainda com maior ênfase, Bruno Ricardo Bioni (2019, p. 27) trata os dados como ativo econômico, afirmando é que comum o pagamento integral ou parcial de serviços e produtos com dados pessoais do próprio consumidor. Ana Frazão corrobora essa posição, nos seguintes termos:

> Apesar da indústria de dados ter se alicerçado em um ativo que não é dela – os dados pessoais – e que, muitas vezes, tem sido explorado de forma ilícita, tal modo de proceder sempre foi acompanhado de justificativas relacionadas às eficiências geradas e aos benefícios e vantagens que, de maneira "gratuita" ou acessível, são disponibilizados aos usuários, os quais muitas vezes não percebem que, ao "pagarem" pelos serviços com seus dados pessoais, são o verdadeiro produto nesse tipo de negócio (FRAZÃO, 2020a, s/p).

Em decorrência disso, pode-se afirmar que há riscos à privacidade frente às novas tecnologias da informação. Estas permitem acesso e utilização de dados pessoais que, por sua vez, compreendem um dos principais ativos empresariais (MIRAGEM, 2019, p. 1). Tudo diante de franca e constante expansão da chamada internet das

---

12. Danilo Doneda (2011, p. 92) trata do tema em sentido que merece registro: "O tratamento de dados pessoais, em particular por processos automatizados, é, no entanto, uma atividade de risco. Risco que se concretiza na possibilidade de exposição e utilização indevida ou abusiva de dados pessoais, na eventualidade desses dados não serem corretos e representarem erroneamente seu titular, em sua utilização por terceiros sem o conhecimento deste, somente para citar algumas hipóteses reais".

coisas, que desperta, em contrapartida, crescente preocupação com vigilância e com temas afetos à privacidade[13].

Abram-se parênteses para observar que os dados traduzem informações que afetam a privacidade e representam, assim, ativo econômico, uma forma de pagamento cujo preço é conhecido por quem explora o mercado, mas não pelo consumidor, o que ratifica a assimetria de informações disponíveis a essas figuras. Reforçamos, dessa maneira, a importância da proteção de dados. No mesmo sentido, a relação com aspectos inerentes à personalidade (como a privacidade) é acentuada de tal maneira que os dados pessoais podem ser reconhecidos como direito da personalidade em si.

Essa percepção foi destacada em momento anterior ao Regulamento Geral de Proteção de Dados[14], quando Stefano Rodotà (2008, p. 53) alertou:

> Por um lado, realmente, aquelas considerações demonstram como o mercado está fortemente distorcido pelo marcante desnível de poder entre os potenciais contratantes: portanto, é verdade que uma intervenção legislativa seria de qualquer modo necessária justamente para consentir o funcionamento correto das regras de mercado. Por outro lado, devendo-se considerar, a essa altura, o tema da privacidade como parte integrante das dimensões mais gerais da garantia dos direitos civis e da organização da democracia, os interesses em questão não são redutíveis à esfera individual e, de qualquer forma, exprimem valores irredutíveis à lógica puramente proprietária.

Sob esse cenário, o Direito permanece acompanhando as modificações da sociedade. Para tanto, deve identificar em si e situar a proteção de dados. Questionamos, nesse aspecto, a presença de fundamentos constitucionais da proteção de dados para, a partir da Constituição Federal, localizar os demais fundamentos jurídicos e os desafios postos para a garantia de direitos que ultrapassam a esfera individual.

Dentro dessa conjuntura, anotamos que, além dos fundamentos diretos, há impactante relação entre os dados pessoais e outros direitos estabelecidos constitucionalmente, a começar pelo fenômeno da informação. A respeito disso, Laura Schertel Mendes (2014, s/p) ratifica tratamento direto e indireto pela Constituição Federal, sendo exemplos a liberdade da manifestação de pensamento, o sigilo de fonte, o direito de resposta, o sigilo das comunicações telefônicas, a própria inviolabilidade da intimidade e da vida privada, enfim, uma série de disposições tocantes à informação[15].

---

13. Nesse sentido: MAGRANI, 2018, p. 132.
14. O Regulamento Geral de Proteção de Dados é o Regulamento (UE) 2016/679, do Parlamento Europeu e do Conselho, de 27 de abril de 2016, relativo à proteção das pessoas singulares no que diz respeito ao tratamento de dados pessoais e à livre circulação desses dados. Pode ser acessado, em português, no seguinte endereço: https://eur-lex.europa.eu/legal-content/PT/TXT/?uri=CELEX%3A32016R0679.
15. Pontua-se a possibilidade de a informação influenciar e, mesmo, afetar outros direitos fundamentais. Laura Schertel Mendes (2014, s/p) traz exemplos: "i) o direito à igualdade pode ser violado a partir de decisões discriminatórias tomadas com base em bancos de dados raciais ou de imigrantes, prática conhecida como *racial profiling*; ii) a liberdade de exercício de trabalho pode ser afetada quando um candidato a emprego tem sua contratação recusada por constar em cadastros de pessoas que ajuizaram ações trabalhistas [...]; iii) o livre exercício de trabalho também poderia ser violado a partir da exigência de testes genéticos como

Não obstante as relações com outros direitos, a proteção de dados pessoais tem autonomia como direito da personalidade, podendo ser considerada "a especialização da proteção constitucional à vida privada e à intimidade dando origem a um direito fundamental à proteção de dados pessoais" (MIRAGEM, 2019, p. 2), assim como ocorre em diversos ordenamentos jurídicos[16].

Com efeito, é possível "reconhecer um direito fundamental à proteção de dados pessoais, como uma dimensão da inviolabilidade da intimidade e da vida privada, nos termos da Constituição", uma vez que o artigo 5º, inciso X, da Lei Maior, ao garantir a inviolabilidade da intimidade e da vida privada, oferece ampla proteção à pessoa natural (MENDES, 2014, s/p). Nesse sentido, reconhecemos tanto que há múltiplas referências valorativas na disciplina da Lei Geral como que permanece como bússola fundamental no enfrentamento da questão do tratamento de dados[17].

Verificamos, portanto, que há base para reconhecer a proteção de dados como direito fundamental autônomo[18] a partir da interpretação, sobretudo, da proteção

---

requisito para a contratação; iv) a proibição de embarque em aeronaves de passageiros registrados equivocadamente em lista de terroristas poderia constituir uma limitação à liberdade de ir e vir; v) a liberdade de reunião em espaço público pode ser afetada se os seus participantes forem filmados e registrados sem justificativa".

16. Vários ordenamentos jurídicos consideram a proteção de dados pessoais "um instrumento essencial para a proteção da pessoa humana e como um direito fundamental" (DONEDA, 2011, p. 92).
17. Para Ana Frazão (2020b, s/p), "a proteção dos dados pessoais pode ser vista hoje como um direito fundamental autônomo, até porque a privacidade não é a única referência axiológica do regime instituído pela LGPD".
18. Laura Schertel Mendes (2011, p. 69-71) realizou pesquisa jurisprudencial e identificou evolução do conceito de privacidade, ou melhor, da interpretação do direito à privacidade, e realizou "apontamentos preliminares sobre os contornos da proteção de dados pessoais na experiência jurídica brasileira: (a) na sociedade da informação, o processamento de dados pessoais é generalizado, assim como os riscos à personalidade dos cidadãos; (b) para enfrentar esses riscos, é necessário um conceito que propicie ao cidadão o controle dos seus dados, como a autodeterminação informativa desenvolvida pela Corte Constitucional alemã; (c) as modificações sociais e tecnológicas ensejam o desenvolvimento de um novo direito à privacidade no ordenamento jurídico brasileiro, consubstanciado no direito de controle das próprias informações pessoais e no consentimento do seu titular; (d) o direito fundamental à inviolabilidade da intimidade e da vida privada, previsto no art. 5º, X, da CF/1988, protege a esfera privada do indivíduo em diversas dimensões, inclusive na dimensão da privacidade dos seus dados pessoais e da autodeterminação de suas informações; (e) a garantia constitucional do *habeas data* estabelece um direito material à proteção de dados, consubstanciado no direito ao conhecimento, correção e complementação dos dados do titular; (f) uma interpretação conjunta dos incs. X e LXXII, do art. 5º da CF/1988, permite, portanto, falar-se em um direito fundamental à proteção de dados pessoais no ordenamento jurídico brasileiro; (g) a proteção de dados pessoais opera até mesmo nas situações em que não há sigilo dos dados, pois, por se referirem à personalidade do cidadão, estão sob a sua esfera de autonomia; (h) o direito fundamental à proteção de dados pessoais deve se pautar no cumprimento dos seguintes princípios: finalidade, esquecimento, qualidade dos dados, transparência e consentimento; (i) a concretização do direito fundamental à proteção de dados pessoais exige que o titular tenha efetivo controle sobre a circulação dos seus dados na sociedade, o que somente pode ser alcançado por meio da garantia dos seguintes direitos: direito geral de informação, amplo direito de acesso aos dados, direito de notificação, direito de retificação, cancelamento e bloqueio dos dados; (j) a proteção do indivíduo contra a discriminação pelo processamento dos dados pessoais somente pode ser atingida com a garantia do direito de não se ficar sujeito a uma decisão individual automatizada, bem como com a proibição ou limitação do armazenamento de informações sensíveis e excessivas; (l) a efetivação do direito fundamental à proteção de dados depende do controle e fiscalização da atividade de processamento de dados por

da inviolabilidade, da intimidade e da privacidade[19], considerando a pessoa natural titular do direito à proteção de dados pessoais, por ser esse direito "fortemente vinculado à dignidade humana e à personalidade, sendo o objeto de proteção constitucional o processamento e a utilização dos dados e informações pessoais em geral" (SARTORI; BAHIA, 2019, p. 238).

Efetivamente, a proteção de dados pessoais apresenta-se com fulcral importância no cenário da sociedade da informação, a ponto de impor que se promovam mecanismos aptos a afastarem ou mitigarem o risco de violação, uma vez que esta ensejaria consequências nocivas a diversos fatores da pessoa humana e ao Estado Democrático de Direito.

Nesse sentido, o Supremo Tribunal Federal reconheceu o direito fundamental à proteção de dados pessoais, nos dias 6 e 7 de maio de 2020, quando do julgamento da Medida Cautelar nas Ações Diretas de Inconstitucionalidade 6.387, 6.388, 6.389, 6.390 e 6.393, momento em que suspendeu o compartilhamento de dados das empresas de telecomunicações com o Instituto Brasileiro de Geografia e Estatística, destacando até mesmo o potencial lesivo à democracia[20]. A respeito do tema, Claudia Lima Marques e Bruno Miragem destacam:

---

autoridade administrativa, de modo a complementar um sistema judicial de resolução de conflitos; e (m) para a reparação dos danos morais e materiais advindos da violação do direito fundamental à proteção de dados, faz-se necessária a constituição de um sistema de responsabilidade objetiva e solidária. A análise normativa e jurisprudencial realizada nesta seção evidenciou o reconhecimento de um direito à proteção de dados pessoais na prática jurídica brasileira. Mais do que isso, indicou também que as manifestações desse direito pautam-se num conjunto comum de princípios, que estão em consonância com a experiência internacional de proteção de dados".

19. Ao tratar da privacidade, Tarcisio Teixeira (2015, p. 73) destaca a previsão constitucional inserta no artigo 5º, inciso X, o qual "expressa o direito à privacidade, que se reflete na inviolabilidade da intimidade, da vida privada, da honra e da imagem das pessoas".

20. Sobre a decisão histórica do Supremo Tribunal Federal, Laura Schertel Mendes e Gabriel Campos Soares da Fonseca (2020, s/p) afirmam: "Em meio aos votos proferidos na Corte, em primeiro lugar, pode-se destacar uma considerável ampliação da proteção constitucional destinada aos dados pessoais, indo além dos ditos "dados íntimos". Consoante apontado pela Ministra Cármen Lúcia, "foi-se o tempo das antigas listas telefônicas de papel" de modo que, no atual contexto de desenvolvimento tecnológico, "não existem dados insignificantes" ou neutros. Dessa maneira, o Tribunal ultrapassou o discurso de que não haveria problema no compartilhamento de dados como nome, endereço e número de telefone, uma vez que esses teriam "caráter público". É que, na linha do explicitado pela Ministra Rosa Weber, caso cruzados com outras informações e compartilhados com pessoas ou entidades distintas, esses dados podem ganhar novo valor no seio da sociedade da informação, sendo utilizados para fins muito distintos dos expostos na coleta inicial e sendo capazes de identificar o seu titular até mesmo formando, no plano virtual, perfis a seu respeito, porém sem sua participação. Não por acaso, destacou-se a centralidade exercida pelo tema da proteção de dados na atual manutenção da democracia, uma vez que dados aparentemente "insignificantes" ou "públicos", podem ser utilizados até mesmo para distorcer processos eleitorais. Nessa linha, bem lembrou o Ministro Luiz Fux: o "recente escândalo envolvendo a *Cambridge Analytica* revelou como modelos de negócios são rentabilizados pela análise de dados e alertou como seu uso indevido pode lesar [...] a própria democracia". Como consequência, em segundo lugar, não é exagero afirmar que o significado histórico da decisão pode ser equiparado ao clássico julgamento do Tribunal Constitucional alemão, em 1983, acerca da Lei do Recenseamento daquele país. Ao fazer referência ao julgado, o STF expressamente mencionou o conceito de autodeterminação informativa, já também positivado na Lei 13.709/18 (Lei Geral de Proteção de Dados), a fim de ressaltar o necessário protagonismo exercido pelo cidadão no controle do que é feito

O plenário do STF, de forma unânime, negou que os dados on-line, mesmo que não sejam "dados sensíveis", uma vez na internet, tenham apenas o efeito daqueles em papel. Os dados ganham escala, perenidade e, principalmente, possibilidades novas de cruzamento de big data, que antes não existiam. Esta decisão é um marco, na medida em que faz com que não se possa mais considerar a defesa do consumidor on-line do mesmo modo que a das relações de consumo tradicionais. A igualdade é de proteção (como impõem as diretrizes das Nações Unidas sobre proteção do consumidor de 2015), mas é identificado um maior risco de danos (MARQUES; MIRAGEM, 2020, p. 22-23).

Com essa decisão, avança-se no reconhecimento do direito fundamental autônomo de proteção de dados e impõe-se, em contrapartida, um elevado comprometimento no dever de respeito às informações das pessoas. Logo, cabe dizer àqueles interessados na coleta, armazenamento e transferência de dados que a matéria-prima de sua atividade econômica recebe o mais alto escol de defesa e preservação no ordenamento jurídico. Para que tais atividades de tratamento de dados sejam lícitas, por conseguinte, devem observar, respeitar e promover os direitos envolvidos, em especial por se tratarem de direitos fundamentais, assim reconhecidos pelo Supremo Tribunal Federal.

Ademais, tramita no Congresso Nacional uma proposta de Emenda Constitucional[21] para, textualmente, reconhecer a proteção de dados pessoais como um direito fundamental[22].

De fato, a proteção de dados tem reconhecido seu patamar como direito fundamental, com âmbito de proteção que se revela em dupla dimensão: "(i) na proteção do indivíduo contra os riscos que ameaçam a sua personalidade, em face da coleta, processamento, utilização e circulação dos dados pessoais; e (ii) na atribuição ao indivíduo da garantia de controlar o fluxo de seus dados na sociedade" (MENDES, 2014, s/p).

---

com seus dados, destacando a existência de finalidades legítimas para o seu processamento, bem como da necessidade de implementação de medidas de segurança para tanto".

21. A Proposta de Emenda Constitucional 17/19 acrescenta o inciso LXXIX ao artigo 5º, que teria a seguinte redação: LXXIX – é assegurado, nos termos da lei, o direito à proteção dos dados pessoais, inclusive nos meios digitais. A tramitação dessa proposta volta ao Senado Federal, em decorrência da alteração do texto aprovado na Câmara. Originalmente, a proposta então aprovada no Senado, não acrescentaria dispositivo, mas faria alteração no inciso XII que passaria a receber outra redação: "XII – é inviolável o sigilo da correspondência e das comunicações telegráficas, de dados e das comunicações telefônicas, salvo, no último caso, por ordem judicial, nas hipóteses e na forma que a lei estabelecer para fins de investigação criminal ou instrução processual penal, bem como é assegurado, nos termos da lei, o direito à proteção dos dados pessoais, inclusive nos meios digitais". Na proposta aprovada pela Câmara também se acrescentou que caberá privativamente à União legislar sobre o tema. A tramitação dessa proposta, com a alteração do texto pela Câmara, retorna ao Senado Federal para apreciação e pode ser consultada em:https://www.camara.leg.br/proposicoesWeb/fichadetramitacao?idProposicao=2210757.

22. Interessante pontuar a relação dos direitos fundamentais com a responsabilidade civil, tal como aponta Felipe Braga Netto (2019, p. 31), para quem a responsabilidade civil "dos nossos dias passa por uma filtragem ética e dialoga com os direitos fundamentais. É instrumento de equidade e se funcionaliza na proteção dos cidadãos mais vulneráveis. Há, também, muito forte, a preocupação com as dimensões existenciais do ser humano e com a promoção da funcionalidade dos conceitos, categorias e institutos jurídicos. A dimensão funcional ganha uma importância que não tinha nos séculos passados". Noutro ponto, o autor (p. 41) rememora: "trata-se, assim – enfatiza Bodin de Moraes – de vincular diretamente a responsabilidade civil aos princípios da dignidade, da igualdade e da solidariedade". Esses diálogos acentuam o quão crucial é o estudo de responsabilidade civil diante de direitos fundamentais, mormente quando envolve pessoas vulneráveis.

Nessa seara, é possível observar as dimensões do direito fundamental à proteção de dados, em relação ao qual, à luz do Regulamento europeu, Francisca Cardoso Resende Gomes anuncia:

> Neste seguimento, o conteúdo essencial do moderno direito à proteção de dados demonstra tratar-se de um direito fundamental com uma dupla dimensão, positiva e negativa. De facto, a sua natureza de direito, liberdade e garantia aponta, desde logo, para o seu caráter defensivo, estando em causa a tutela da reserva sobre factos cujo conhecimento por terceiros deve depender do consentimento do seu titular. Este direito de defesa e de liberdade com um conteúdo negativo (*Abwehrrecht*) fica garantido mediante a proibição de ingerência do Estado relativamente a dados informativos que pertencem ao cidadão [...]. Por outro lado, o mesmo direito reveste-se de uma natureza positiva, assente num feixe de faculdades e poderes de decisão e atuação relativamente aos dados pessoais, que dotam o titular dos dados de instrumentos que lhe permitem dispor e controlar os dados pessoais objeto de tratamento, seja realizado pelo setor público ou pelo setor privado, vinculando, com força económica e social equiparável (GOMES, 2020, p. 109-110).

Ademais, a literatura ressoa a natureza da privacidade e da proteção de dados como direito da personalidade[23]. Nesse diapasão, Anderson Schreiber[24] (2014, p. 135-187) explora os direitos da personalidade, entre os quais figura a privacidade, ao lado dos dados pessoais. O autor alerta que, a partir da utilização de dados pessoais para a criação de perfis das pessoas, há "risco significativo à dignidade humana, na medida em que a complexidade do ser humano acaba reduzida a certo perfil comportamental, construído, no mais das vezes, sem qualquer participação ativa do próprio indivíduo".

Não restam dúvidas, em suma, de que a proteção de dados pessoais é reconhecida como direito fundamental e como direito da personalidade e, ademais, relaciona-se com uma série de outros direitos fundamentais cuja violação deve ser prevenida, desencorajada e reprimida. Para contribuir com esse desiderato, passamos ao estudo das condições atuais de enfrentamento do tema.

2.2 NOTAS ACERCA DO ESTADO DA ARTE DA PROTEÇÃO DOS DADOS PESSOAIS

O ordenamento jurídico brasileiro disciplina os dados pessoais em esparsas legislações[25], com aplicação setorial (direta ou tangencial), como a Lei de Acesso à

---

23. Leonardo Roscoe Bessa (2011, p. 47), em estudo da Lei do Cadastro Positivo (Lei 12.414/2011) realizado antes da atualização normativa, ratifica a presença de limites dos bancos de dados, de ameaça à dignidade humana, "particularmente em relação à privacidade (proteção de dados pessoais) e à honra".
24. Anderson Schreiber (2014, p. 159) faz crítica ao Código Civil pela ausência de tratamento do tema de bancos de dados e afirma que o Código de Defesa do Consumidor suaviza o estrago com a disciplina do artigo 43. Pontua, ainda, que na "omissão do Código Civil, não se pode deixar de estender a aplicação do art. 43 do Código de Defesa do Consumidor a outros campos da vida em sociedade, já que a proteção à privacidade, base constitucional da disciplina ali traçada, transcende o setor das relações de consumo".
25. Tarcisio Teixeira e Ruth Maria Guerreiro da Fonseca Armelin (2020, p. 27-28) acentuam: "a proteção de dados pessoais não é tema novo na legislação brasileira, havendo menção em várias normas, a exemplo da

Informação[26] e o Marco Civil da Internet. Já no tocante à Lei 13.709/2018, tem-se aplicação de forma geral[27], nas esferas pública e privada, em relações sob a égide do Código Civil ou do Código de Defesa do Consumidor.

Assim, retorna-se à Constituição Federal, que disciplina o tema e, a propósito, conta com "a ação de habeas data[28] (artigo 5º, inciso LXXII), que prevê um direito genérico de acesso e retificação de dados pessoais" (DONEDA, 2008, p. 15). Contudo, mais importante do que situar quais instrumentos normativos estariam presentes para cumprir esse objetivo, reforçamos a imprescindibilidade de se promover a proteção de dados pessoais que integra a tutela da dignidade da pessoa humana, como se observa a seguir:

> A proteção dos dados pessoais compõe uma das partes essenciais da tutela da dignidade da pessoa humana, mostrando-se essencial para a garantia das liberdades fundamentais, da igualdade, da solidariedade e da integridade psicofísica. O desenvolvimento de mecanismos destinados a regular o tratamento dos dados auxilia a evitar discriminações que não encontrem fundamento constitucional, como aquelas que possam dificultar o acesso ao crédito ou a empregos por determinados grupos. Além disso, afasta práticas que possam reduzir a liberdade e autonomia dos indivíduos, como decisões a partir de análises de dados não informadas ao titular e sob critérios não transparentes. A tutela dos dados relativos à pessoa natural mostra-se hoje vital para que ela se realize integralmente e se relacione na sociedade, representando garantia de maior segurança às informações dos cidadãos e impedindo práticas autoritárias e de vigilância por parte de instituições públicas e privadas (TEPEDINO; TEFFÉ, 2020, s/p).

Considerando que a sociedade atual é vista como "sociedade da vigilância" (RODOTÀ, 2008), em uma "economia movida a dados", é imperioso aprofundar a proteção destes, a fim de instrumentalizar a pessoa natural com mecanismos de proteção e de preservação de direitos fundamentais (FRAZÃO, 2020b, s/p). Ao mesmo tempo, deve-se permitir ao titular o acesso à prevenção e ao ressarcimento de danos decorrentes de possíveis violações (não esperançadas, mas esperadas) à proteção de dados pessoais.

Constituição Federal (art. 5º, X, XI, XII, LV e IX), do Código Civil (arts. 20 e 21), do Código de Processo Penal (art. 201, § 6º) e do Marco Civil da Internet (Lei 12.965/2014, arts. 3º, II; 7º, I; 8º; 21 e 23), cujos artigos 7º, X, e 16, II, foram alterados pelo art. 60 da Lei 13.709/2018".

26. No que tange à Lei de Acesso à Informação, salientamos a necessidade do registro, mas também seu afastamento para os fins da presente investigação, dada a divergência da aplicabilidade de normas de direito privado.
27. Laura Schertel Mendes e Danilo Doneda (2018, p. 582) afirmam que "o ordenamento jurídico brasileiro já contava com algumas normas setoriais de proteção de dados (Código de Defesa do Consumidor – CDC, Lei do Cadastro Positivo e Marco Civil da Internet), mas não havia uma lei aplicável horizontalmente a todos os setores econômicos e também ao setor público, como é o caso da LGPD. Outra inovação que também não estava presente ainda no nosso sistema jurídico é a ideia de que todo o tratamento de dados deve se amparar em uma base legal".
28. "Nesse contexto, verifica-se que a Constituição brasileira apresenta dois importantes mecanismos de tutela da personalidade contra o tratamento indevido de dados: o direito material à proteção de dados pessoais, baseado no art. 5º, X, da CF/88, e a garantia instrumental para a proteção desse direito, consubstanciada na ação do habeas data (art. 5º, LXXII, da CF/88)" (MENDES, 2014, s/p).

Nesse caminho, o intitulado Marco Civil da Internet (Lei 12.965/2014) disciplina o uso da internet no Brasil e institui como princípios: a proteção da privacidade, a proteção dos dados pessoais e a responsabilização dos agentes, nos termos do artigo 3º, incisos II, III e VI.

Ademais, a Lei 8.078/1990, Código de Defesa do Consumidor (CDC), estatui que as informações de consumidores devem ser verdadeiras e objetivas, ter linguagem de fácil compreensão e clareza, limitando a disponibilização do conteúdo negativo por até cinco anos (artigo 43, § 1º). Em outros termos, o CDC autoriza a formação de bancos de dados de consumidores, desde que respeitadas as suas previsões legais[29].

Por outra via, a Lei 12.414/2011, conhecida como Lei do Cadastro Positivo, disciplina a formação e a consulta a bancos de dados com informações de adimplemento, de pessoas naturais ou de pessoas jurídicas, para fins de histórico de crédito. Segundo o artigo 2º, inciso I, da referida Lei, banco de dados é o "conjunto de dados relativo a pessoa natural ou jurídica armazenados com a finalidade de subsidiar a concessão de crédito, a realização de venda a prazo ou de outras transações comerciais e empresariais que impliquem risco financeiro".

Percebe-se, em comum, no Marco Civil da Internet[30] e na Lei do Cadastro Positivo, que os dados pessoais devem obedecer à finalidade para a qual foram coletados. É o que consta do artigo acima transcrito e, ainda, do artigo 5º, inciso VII[31], também da Lei do Cadastro Positivo. Tal princípio também está presente na Lei 13.709/2018.

Todas essas legislações fragmentadas, somadas a outras, revelam-se insuficientes na proteção de dados pessoais, justamente no momento em que impera – como dito – a sociedade da informação e uma economia movida a dados. "É nesse contexto que deve ser compreendida a Lei Geral de Proteção de Dados brasileira e seus objetivos principais de proteger os dados pessoais e de reforçar a autonomia informativa e a dignidade dos titulares dos dados, bem como a própria democracia" (FRAZÃO, 2020a, s/p).

A despeito da insuficiência da proteção desse novo direito fundamental, tendo em vista a presença apenas de legislações esparsas, é oportuno lembrar que as aludidas leis permanecem vigentes e aplicáveis – em seus campos de incidência – ao lado da (e, não raras vezes, simultaneamente à) Lei Geral de Proteção de Dados Pessoais.

---

29. Com "organização, consulta e manutenção de dados sobre consumidores, mas determinou regras e limites a esta prática, no intuito de prevenir possíveis danos" (GREGORI, 2009, p. 284).
30. "Art. 16. Na provisão de aplicações de internet, onerosa ou gratuita, é vedada a guarda: [...] II – de dados pessoais que sejam excessivos em relação à finalidade para a qual foi dado consentimento pelo seu titular".
31. "Art. 5º São direitos do cadastrado: [...] VII – ter os seus dados pessoais utilizados somente de acordo com a finalidade para a qual eles foram coletados".

2.3 A LEI GERAL DE PROTEÇÃO DE DADOS PESSOAIS

A Lei 13.709/2018 disciplina[32] o tratamento de dados pessoais com o objetivo de protegê-los, o que é possível por meio da garantia do respeito aos direitos fundamentais de privacidade e de liberdade, bem como do livre desenvolvimento da personalidade. Com o mencionado escopo, são estipulados fundamentos da proteção de dados (artigo 2º), conceitos fulcrais da lei (artigo 5º), bem como princípios (artigo 6º) das atividades de tratamentos de dados pessoais que, ao lado da boa-fé, deverão ser observados pelos agentes de tratamento.

Nota-se a previsão da possibilidade de tratamento, como a coleta, armazenamento e transferência, desde que verificada a presença de uma das bases legais (artigos 7º e 11) – como o consentimento do titular de dados (artigo 8º), quando necessário para execução do contrato, ou a dispensa de consentimento (artigo 7º, § 4º). A Lei Geral estabelece direitos dos titulares, que podem ser verificados nos artigos 17 a 22, bem como em dispositivos esparsos (como os insertos no artigo 9º).

Nessa seara, destaca-se que a Lei 13.709/2018 considera dados pessoais[33] – e, pois, aplica-se apenas a – aqueles relativos às pessoas naturais (artigo 5º, inciso I), distinguindo-os de uma classe específica de proteção: os dados sensíveis[34] (artigos 5º, inciso II, e 11). Além disso, não se aplica aos dados anonimizados[35] (artigos 5º, inciso III, e 12). Seguem alguns importantes conceitos da Lei[36]:

---

32. "Art. 1º Esta Lei dispõe sobre o tratamento de dados pessoais, inclusive nos meios digitais, por pessoa natural ou por pessoa jurídica de direito público ou privado, com o objetivo de proteger os direitos fundamentais de liberdade e de privacidade e o livre desenvolvimento da personalidade da pessoa natural. Parágrafo único. As normas gerais contidas nesta Lei são de interesse nacional e devem ser observadas pela União, Estados, Distrito Federal e Municípios".
33. Embora já vista a concepção legal de dados pessoais, consideramos prudente trazer contribuições da literatura jurídica para aprofundar o conceito, como o que segue: "os dados pessoais correspondem a quaisquer informações relacionadas à pessoa natural identificada ou identificável. Podem-se classificar como dados de pessoa identificada aqueles relativos a informações cadastrais, tais como nome completo, número de registro geral perante institutos de identificação e número de cadastro de pessoa física. Já os dados de pessoa identificável correspondem a informações que, quando conjugadas com outras, tornam possível a identificação de alguém, como é o caso de endereços, características físicas, pessoais, profissionais, entre inúmeras outras" (XAVIER; XAVIER; SPALER, 2020, s/p).
34. Dados sensíveis são "aqueles referentes à origem racial ou étnica, às opiniões políticas, às convicções religiosas ou filosóficas, à filiação sindical ou associativa, bem como os relativos à saúde ou sexualidade. Por sua natureza distinta, devem ter especial proteção, a fim de evitar situações de discriminação" (LIMBERGER, 2007, p. 203).
35. Américo Ribeiro Magro (2020, p. 43-44) entende ser pouco provável a eficácia da anonimização dos dados pessoais, em decorrência da capacidade da inteligência artificial com instrumentos como o *big data*, aptos a traçarem e percorrem caminhos e cruzamentos com capacidade de identificar as pessoas.
36. A seguir, os demais conceitos da Lei: "III – dado anonimizado: dado relativo a titular que não possa ser identificado, considerando a utilização de meios técnicos razoáveis e disponíveis na ocasião de seu tratamento; IV – banco de dados: conjunto estruturado de dados pessoais, estabelecido em um ou em vários locais, em suporte eletrônico ou físico; [...] XI – anonimização: utilização de meios técnicos razoáveis e disponíveis no momento do tratamento, por meio dos quais um dado perde a possibilidade de associação, direta ou indireta, a um indivíduo; XII – consentimento: manifestação livre, informada e inequívoca pela qual o titular concorda com o tratamento de seus dados pessoais para uma finalidade determinada; XIII –

Art. 5º Para os fins desta Lei, considera-se: I – dado pessoal: informação relacionada a pessoa natural identificada ou identificável; II – dado pessoal sensível: dado pessoal sobre origem racial ou étnica, convicção religiosa, opinião política, filiação a sindicato ou a organização de caráter religioso, filosófico ou político, dado referente à saúde ou à vida sexual, dado genético ou biométrico, quando vinculado a uma pessoa natural; [...] V – titular: pessoa natural a quem se referem os dados pessoais que são objeto de tratamento; VI – controlador: pessoa natural ou jurídica, de direito público ou privado, a quem competem as decisões referentes ao tratamento de dados pessoais; VII – operador: pessoa natural ou jurídica, de direito público ou privado, que realiza o tratamento de dados pessoais em nome do controlador; VIII – encarregado: pessoa indicada pelo controlador e operador para atuar como canal de comunicação entre o controlador, os titulares dos dados e a Autoridade Nacional de Proteção de Dados (ANPD); IX – agentes de tratamento: o controlador e o operador; X – tratamento: toda operação realizada com dados pessoais, como as que se referem a coleta, produção, recepção, classificação, utilização, acesso, reprodução, transmissão, distribuição, processamento, arquivamento, armazenamento, eliminação, avaliação ou controle da informação, modificação, comunicação, transferência, difusão ou extração.

A presença de disposições concernentes a direitos, além de conceitos, é marcante na Lei Geral. Entre os direitos dos titulares, figuram os direitos à informação, à privacidade, à qualidade de dados, à não discriminação abusiva ou ilícita, à revogação do consentimento[37]. Entre os fundamentos, encontra-se o livre desenvolvimento da personalidade, a defesa do consumidor, o desenvolvimento econômico e tecnológico, as liberdades de expressão, comunicação, informação e opinião, além da autodeterminação informativa.

---

bloqueio: suspensão temporária de qualquer operação de tratamento, mediante guarda do dado pessoal ou do banco de dados; XIV – eliminação: exclusão de dado ou de conjunto de dados armazenados em banco de dados, independentemente do procedimento empregado; XV – transferência internacional de dados: transferência de dados pessoais para país estrangeiro ou organismo internacional do qual o país seja membro; XVI – uso compartilhado de dados: comunicação, difusão, transferência internacional, interconexão de dados pessoais ou tratamento compartilhado de bancos de dados pessoais por órgãos e entidades públicos no cumprimento de suas competências legais, ou entre esses e entes privados, reciprocamente, com autorização específica, para uma ou mais modalidades de tratamento permitidas por esses entes públicos, ou entre entes privados; XVII – relatório de impacto à proteção de dados pessoais: documentação do controlador que contém a descrição dos processos de tratamento de dados pessoais que podem gerar riscos às liberdades civis e aos direitos fundamentais, bem como medidas, salvaguardas e mecanismos de mitigação de risco; XVIII – órgão de pesquisa: órgão ou entidade da administração pública direta ou indireta ou pessoa jurídica de direito privado sem fins lucrativos legalmente constituída sob as leis brasileiras, com sede e foro no País, que inclua em sua missão institucional ou em seu objetivo social ou estatutário a pesquisa básica ou aplicada de caráter histórico, científico, tecnológico ou estatístico; e XIX – autoridade nacional: órgão da administração pública responsável por zelar, implementar e fiscalizar o cumprimento desta Lei em todo o território nacional".

37. Paulo Lôbo afirma que, "de acordo com a Lei, toda pessoa natural tem assegurada a titularidade de seus dados pessoais e garantidos os direitos qualificados como fundamentais, dentre eles a privacidade. A utilização dos dados pessoais depende de consentimento do titular, ou para cumprimento de obrigação legal, ou para estudos por órgão de pesquisa com garantia de anonimato, ou para execução de contrato preliminar a pedido do titular. Porém, é dispensada a exigência de consentimento para os dados tornados manifestamente públicos pelo titular, ainda que resguardados os direitos deste. O consentimento somente será válido se for suficientemente informado e destacada em cláusula específica, podendo ser revogado a qualquer momento pelo titular. Quando houver consentimento, o titular tem o direito de acesso facilitado às informações sobre o tratamento dos dados pessoais".

Acerca da autodeterminação informativa, assevera-se que se trata de aspecto importante da Lei, seja por estar relacionada com a hipótese legal do consentimento, seja pela relação guardada com a privacidade. Isso se depreende a partir do "direito de manter o controle sobre suas próprias informações e de determinar a maneira de construir sua própria esfera particular" (RODOTÁ, 2008, p. 15). Tal autodeterminação, especificamente na Lei ora em exame, consiste no seguinte:

> [...] capacidade do indivíduo em saber, com exatidão, quais de seus dados pessoais estão sendo coletados, com a consciência da finalidade para que se prestarão, para assim, diante de tais informações, tomar a decisão de fornecê-los ou não, levando-se em conta os benefícios/malefícios que o tratamento de seus dados poderá lhe acarretar. É o controle que o indivíduo possui sobre os seus dados pessoais (TEIXEIRA; ARMELIN, 2020, 33).

Enfim, uma série de direitos são elevados a fundamentos da proteção de dados e destacam-se como tal sem deixar de ser direitos dos titulares, como o importante fundamento dos direitos humanos. "Afinal, o eixo valorativo da LGPD é a proteção da pessoa humana e de suas situações existenciais relevantes, o que deve ser levado em consideração para a interpretação de todas as suas demais disposições" (FRAZÃO, 2020b, s/p). Vale registrar que o modelo legislativo adotado no Brasil tem caráter preventivo, haja vista que busca antever os riscos de violação à privacidade, bem como construir meios eficazes para evitar danos à pessoa natural[38].

Diante disso, entende-se que há importante intuito na LGPD de estabelecer adequada responsabilização[39] como consequência concreta às violações à privacidade e à proteção de dados pessoais, promovendo, ao mesmo tempo, prevenção de novos danos. Essa Lei ganha maior relevo ainda ao fazer referência a um núcleo de informações atinente à proteção da igualdade, à não discriminação, ao direito à diferença[40]. São os dados sensíveis, conforme se observa na assertiva de Ana Frazão a seguir transcrita:

> A própria definição de dados pessoais sensíveis, como mostra Rodotá[41], está ligada muito mais à proteção da igualdade e da não discriminação do que propriamente da intimidade. Basta ver que

---

38. Nesse sentido: TEPEDINO; TEFFÉ, 2020, s/p.
39. Nesse sentido: TEIXEIRA; ARMELIN, 2020, p. 31.
40. Claudia Lima Marques e Bruno Miragem (2012, p. 178-179) afirmam que "no pluralismo (de agentes, de sujeitos de direitos, de fontes, de vínculos e de métodos de proteção) do direito privado atual, a tendência atual e de futuro é identificar a diferença e respeitá-la". Como destaca Flávia Piovesan (2015, p. 16-17), "faz-se necessária a especificação do sujeito de direito, que passa a ser visto em sua peculiaridade e particularidade. Nessa ótica, determinados sujeitos de direitos ou determinadas violações de direitos exigem uma resposta específica e diferenciada. Nesse cenário, as mulheres, as crianças, as populações afrodescendentes, os povos indígenas, os migrantes, as pessoas com deficiência, entre outras categorias vulneráveis, devem ser vistas nas especificidades e peculiaridades de sua condição social. Ao lado do direito à igualdade, surge, também como direito fundamental, o direito à diferença. Importa o respeito à diferença e à diversidade, o que lhes assegura um tratamento especial".
41. Stefano Rodotá (2018, p. 96) afirma: "a classificação desses dados na categoria de 'sensíveis', particularmente protegidos contra os riscos de circulação, deriva de sua potencial inclinação para serem utilizados com finalidades discriminatórias".

a LGPD considera dado pessoal sensível qualquer dado pessoal sobre origem racial ou étnica, convicção religiosa, opinião política, filiação a sindicato ou a organização de caráter religioso, filosófico ou político, dado referente à saúde ou à vida sexual, dado genético ou biométrico, quando vinculado a uma pessoa natural (art. 5º, II) (FRAZÃO, 2020b, s/p).

Em um cenário como esse, o consentimento e a autodeterminação[42] informativa formam importante base legal para o tratamento e fundamento da proteção de dados, além de serem instrumentos do livre desenvolvimento da personalidade, um outro fundamento legal. E, assim, a Lei Geral parece formar uma teia de proteção, em que cada fundamento está ligado a um direito que, por sua vez, conecta-se a um princípio, formando um todo coerente que confere efetividade e concretude à proteção de dados pessoais.

2.4 PRINCÍPIOS DA PROTEÇÃO DE DADOS PESSOAIS

É relevante anotar a positivação de princípios[43] de proteção de dados pela Lei Geral[44], frisando que, parte deles, era reportado pela literatura antes mesmo da publicação de Lei. Destaca-se, entre esses princípios, o da finalidade, segundo o qual o tratamento de dados pessoais deve ser restrito à finalidade para a qual foram coletados.

O princípio da finalidade[45] já era, portanto, marcado, e seu conceito desde então indica "a correlação necessária [...] entre o uso dos dados pessoais e a finalidade comunicada aos interessados quando da coleta dos dados" (MENDES, 2011, p. 52).

A depender da base legal do tratamento, pode-se, hoje, afirmar que deve haver correspondência entre o tratamento e o consentimento do titular, porque a Lei Geral

---

42. Stefano Rodotá (2018, p. 151-152), em abordagem construída a partir do paralelo autodeterminação e laicidade, afirma que, "conforme entra paulatinamente no mundo novo da ciência e da tecnologia, a autodeterminação ganha novos espaços e, por isso mesmo, requer um ambiente plenamente laicizado, no qual todas as oportunidades possam ser avaliadas sem preconceitos e tendo como referência primária os direitos da pessoa. Pensar que se possa sair de dilemas cada vez mais difíceis limitando a autodeterminação não representa somente um excesso, mas pode tornar-se um movimento que prejudica a própria livre construção da personalidade, o nosso livre estar no mundo".
43. Rememora-se que princípio é norma. Para Humberto Ávila (2003, p. 70), "princípios são normas imediatamente finalísticas (estabelecem um fim a ser atingido) [...], para cuja aplicação se demanda uma avaliação da correlação entre o estado de coisas a ser promovido e os efeitos decorrentes da conduta havida como necessária à sua promoção". Já Virgílio Afonso da Silva (2011, p. 32) reconhece que os princípios são mandamentos de otimização e, por conseguinte, distinguem-se das regras "de forma clara", pois estas, se válidas, devem ser realizadas sempre por completo, enquanto o grau de realização dos princípios poderá sempre variar, especialmente se existirem outros princípios que "imponham a realização de outro direito ou dever que colida com aquele exigido pelo primeiro".
44. "Art. 6º As atividades de tratamento de dados pessoais deverão observar a boa-fé e os seguintes princípios [...]".
45. Nos termos da Lei: "Art. 6º [...]: I – finalidade: realização do tratamento para propósitos legítimos, específicos, explícitos e informados ao titular, sem possibilidade de tratamento posterior de forma incompatível com essas finalidades"

de Proteção de Dados Pessoais inseriu a finalidade no conceito de consentimento[46]. Ademais, discriminou o princípio da finalidade (artigo 6º, inciso I), segundo o qual o agente de tratamento deve observar e realizar suas atividades com objetivos específicos, legítimos, sem alterações do propósito, que deve ser "previamente definido e informado ao titular, sendo vedada a utilização dos mesmos dados pessoais posteriormente à sua coleta para outra finalidade" (BODIN DE MORAES; QUEIROZ, 2019, p. 120). Sendo assim, há uma base de verificação de conformidade do tratamento examinado[47].

Encontram íntimo vínculo com o princípio da finalidade os princípios da adequação e da necessidade[48]. Apontam, a respeito disso, Lara Castro Padilha Ramos e Ana Virgínia Moreira Gomes (2019, p. 135), que o "princípio da adequação trata da compatibilização do uso dos dados com a finalidade informada", ao passo que o princípio da necessidade consiste na "limitação do uso do dado ao mínimo necessário para se atingir a finalidade desejada".

A partir desses princípios, restringe-se o tratamento de dados ao rigorosamente necessário para cumprimento da finalidade informada, bem como estabelece-se a possibilidade do titular requerer a eliminação dos dados, que também deve ocorrer quando deixarem de ser necessários ou quando cessado o tratamento[49]. A soma dos princípios da finalidade, da adequação e da necessidade resulta no denominado mínimo essencial, a menor quantidade necessária de dados pessoais para alcançar, de forma adequada, o fim pretendido[50].

Isso guarda relação com o Regulamento europeu, que prevê o princípio da minimização dos dados, conforme o qual deve haver compatibilidade do tratamento com as finalidades declaradas para a recolha dos dados, "limitadas ao necessário para a sua prossecução" (REBELO, 2019, p. 119). Um outro princípio que deve orientar o agente de tratamento de dados é o da não discriminação[51], que norteia, sobretudo, o tratamento dos chamados dados sensíveis[52].

---

46. "Art. 5º Para os fins desta Lei, considera-se: XII – consentimento: manifestação livre, informada e inequívoca pela qual o titular concorda com o tratamento de seus dados pessoais para uma finalidade determinada". Essa é uma das trinta vezes que "finalidade" aparece na LGPD.
47. Conforme afirmam TEIXEIRA; ARMELIN, 2020, p. 50: "diante de sua delimitação demonstrará se o tratamento foi extrapolado ou não".
48. "II – adequação: compatibilidade do tratamento com as finalidades informadas ao titular, de acordo com o contexto do tratamento; III – necessidade: limitação do tratamento ao mínimo necessário para a realização de suas finalidades, com abrangência dos dados pertinentes, proporcionais e não excessivos em relação às finalidades do tratamento de dados".
49. Nesse sentido: OLIVEIRA; LOPES, 2020, s/p.
50. Nesse sentido: TEIXEIRA; ARMELIN, 2020, p. 50.
51. "IX – não discriminação: impossibilidade de realização do tratamento para fins discriminatórios ilícitos ou abusivos".
52. "Apesar dessa lei específica ter trazido um conceito ampliado de dados pessoais sensíveis, o seu tratamento jurídico já é conhecido da legislação brasileira desde a promulgação da Lei de Cadastro Positivo – Lei 12.414/11 – que, em seu artigo 3º, § 3º, inciso II, proíbe anotações em bancos de dados usados para análise de crédito de "informações sensíveis, assim consideradas aquelas pertinentes à origem social e étnica,

Antes de prosseguir com estudo dos princípios em si, julgamos oportuno rememorar que estes guardam estreita sinergia com a teia de proteção de dados do sistema brasileiro. Além dessa atribuição crucial, e até mesmo para cumpri-la, "é interessante que os princípios indicados encontrem graus de concretude[53] na própria lei" (OLIVEIRA; LOPES, 2020, s/p). Registrado o papel dos princípios que percorrem toda a Lei Geral a contar com uma série de regras para sua concretude, traz-se à luz uma gama de princípios referentes à responsabilidade civil, foco deste livro. A respeito disso, Maria Celina Bodin de Moraes e João Quinelato de Queiroz afirmam:

> O sistema de responsabilidade civil da LGPD, previsto nos artigos 42 a 45, mostra-se especialíssimo, sendo talvez a principal novidade da lei, e reflete o disposto no inciso X do artigo 6º da Lei, que prevê o princípio da "responsabilização e prestação de contas, isto é, a demonstração, pelo agente, da adoção de medidas eficazes e capazes de comprovar a observância e o cumprimento das normas de proteção de dados pessoais e, inclusive, da eficácia dessas medidas". O legislador pretendeu não apenas mandar ressarcir, mas quer prevenir e evitar a ocorrência de danos (BODIN DE MORAES; QUEIROZ, 2019, p. 126).

Efetivamente, o princípio da responsabilização e prestação de contas[54] está no cerne do sistema de responsabilidade civil inaugurado pela Lei Geral de Proteção de Dados. Acrescentem-se, ao lado deste, outros princípios, quais sejam, da segurança[55] e da prevenção[56]: "o primeiro visa a evitar situações ilícitas, ao passo que o segundo pretende evitar o dano à pessoa por causa do tratamento inadequado dos dados pessoais" (OLIVEIRA; LOPES, 2020, s/p).

Cuidam, portanto, os mencionados princípios, da prevenção tanto de ilícito quanto de danos, revelando liame com o princípio da responsabilização e prestação de contas. Ademais, chama atenção o fato do legislador ter reunido em um mesmo princípio a responsabilização e a prestação de contas, confirmando a presença da

---

à saúde, à informação genética, à orientação sexual e às convicções políticas, religiosas e filosóficas". Isso significa dizer que, para fins de análise de concessão de crédito – princípio da finalidade – estão vedadas inclusões nas bases de dados de quaisquer informações de natureza personalíssima e que não se relacione à finalidade almejada com a análise de crédito, com o objetivo de evitar o tratamento discriminatório – princípio da não discriminação" (MULHOLLAND, 2018, p. 165-166).

53. Marco Aurélio Bellizze Oliveira e Isabela Maria Pereira Lopes (2020, s/p) asseveram que "a aplicação correta e segura da lei – sobretudo que trata de tema tão sensível quanto os dados pessoais, considerados o ouro do século XXI – é favorecida quando seus dispositivos conseguem dar concretude aos princípios por ela abraçados. Em outras palavras, não basta conhecer e indicar os princípios de proteção aos dados pessoais. As forças do mercado e da administração pública reclamam que a lei contenha meios de proteção tangíveis, em disposições específicas e explícitas, para assegurar a proteção de dados pessoais, além de favorecer a segurança jurídica em seu tratamento".

54. "X – responsabilização e prestação de contas: demonstração, pelo agente, da adoção de medidas eficazes e capazes de comprovar a observância e o cumprimento das normas de proteção de dados pessoais e, inclusive, da eficácia dessas medidas".

55. "VII – segurança: utilização de medidas técnicas e administrativas aptas a proteger os dados pessoais de acessos não autorizados e de situações acidentais ou ilícitas de destruição, perda, alteração, comunicação ou difusão".

56. "VIII – prevenção: adoção de medidas para prevenir a ocorrência de danos em virtude do tratamento de dados pessoais".

chamada "especialíssima responsabilidade civil"[57], cuja incumbência não pode se resumir às funções de reparação, sob pena de violar o normativamente estatuído.

Com efeito, a segurança dos dados pessoais é essencial e leva à adoção de medidas aptas para assegurar a inviolabilidade das informações, principalmente no mundo on-line, em que se ampliam "os riscos de destruição, alteração, divulgação e acesso indevido dos dados pessoais, em razão da estrutura aberta da internet" (MENDES, 2014, s/p). À vista disso, o agente de tratamento deve fazer o seguinte:

> [...] implementar medidas técnicas e administrativas, avançadas (conforme o atual estado da tecnologia), para que os dados fiquem armazenados e sejam manuseados de forma segura, protegidos contra destruição, perda, acesso não autorizada, alteração e difusão indevida (BLUM, 2018, p. 161).

Além dos princípios inseridos ao longo dos incisos do artigo 6º da Lei Geral de Proteção de Dados Pessoais, os agentes de tratamento devem, ainda, atender à boa-fé, expressamente exigida no *caput*. Destarte, do controlador e do operador será exigida postura compatível com os princípios e regras, tanto estabelecidos na própria Lei quanto noutros diplomas legais.

2.5 DIÁLOGO DAS FONTES

Entende-se por diálogo das fontes a aplicação simultânea de mais de uma lei a um caso concreto. Ou seja, para solução de determinada situação em que, potencialmente, mais de uma lei estabeleça resposta, busca-se todas as fontes legislativas aplicáveis ao caso. Para que isso aconteça, a solução almejada deve ser orientada pela Constituição Federal, com o objetivo de realizar o máximo possível o direito fundamental envolvido.

Assim, a solução para o aparente conflito de leis está na coordenação destas para oferecer unidade e coerência ao sistema jurídico. Não se faz necessária a exclusão de uma para prevalecer outra, mas a aplicação concomitante de diferentes fontes com o intuito de encontrar o remédio ao problema sob análise. É o que afirma Claudia Lima Marques (2012, p. 26-27), ao expor que a expressão "diálogo" é autoexplicativa, uma vez que se refere a *di-a-logos*, duas "lógicas", nesse caso duas fontes que conversam "em uma aplicação conjunta e harmoniosa guiada pelos valores constitucionais" (MARQUES, 2012, p. 27).

A expressão "diálogo das fontes" é de autoria de Erik Jayme. O autor, ao investigar as fontes legislativas presentes no direito internacional privado, assim conclui[58]:

---

57. BODIN DE MORAES; QUEIROZ, 2019, p. 126.
58. Tradução livre. No original: "dès lors que l'on évoque la communication en droit international privé, le phénomène le plus important est le fait que la solucion des conflits de lois émerge comme résultat d'un dialogue entre les sources les plus hétérogènes. Les droits de l'homme, les constitutions, les conventions

No que diz respeito à comunicação no direito internacional privado, o fenômeno mais importante é o fato de que a solução dos conflitos de leis surge a partir de um diálogo entre as fontes mais heterogêneas. Direitos humanos, constituições, convenções internacionais, ordenamentos jurídicos nacionais: todas essas fontes não são mutuamente exclusivas: elas falam umas com as outras. Os juízes são instrumentos para coordenar essas fontes ouvindo o que eles dizem (JAYME, 1995, p. 259).

A propósito, observa-se que uma das inspirações da Lei Geral de Proteção de Dados Pessoais é o Código de Defesa do Consumidor. Tanto neste quanto naquela, há previsão[59] dessa convivência pacífica em que as fontes não se excluem. As normas previstas nessas leis estabelecem a coexistência com outros direitos e princípios constantes do ordenamento jurídico cuja aplicação deve ser orientada pela Constituição Federal. Diante de impactante pluralismo de fontes legislativas, para que permaneçam harmonicamente coexistentes, utiliza-se o método do diálogo das fontes, representado por essa concomitante vigência e aplicabilidade normativa a uma mesma situação.

Trata-se de uma construção da literatura jurídica que reconhece no diálogo das fontes um "método da teoria geral do direito" que "eleva a visão do intérprete para o *telos* do conjunto sistemático de normas e dos valores constitucionais" (MARQUES, 2012, p. 66), uma "espécie de interpretação sistemática, fundada na unidade do ordenamento e supremacia da Constituição[60], cuja contribuição original resulta da diretriz de compatibilização de normas e sua aplicação simultânea ao caso, sob o signo da complementaridade" (MIRAGEM, 2012, p. 109).

Daí a solução normativa encontrada no interior da Lei Geral de Proteção de Dados ao disciplinar a responsabilidade civil, uma vez que, em possível antinomia com o Código de Defesa do Consumidor, estatui a permanência de validade desse Código em casos de violação de direitos de titulares de dados de consumidores[61]. A

---

internationales, les systèmes nationaux: toutes ces sources ne s'excluent pas mutuellement: elles parlent l'unne à l'autre. les juges sont tunes de coordonner ces sources en écoutant ce qu'elles disent".

59. A Lei Geral de Proteção de Dados Pessoais estabelece: "Art. 64. Os direitos e princípios expressos nesta Lei não excluem outros previstos no ordenamento jurídico pátrio relacionados à matéria ou nos tratados internacionais em que a República Federativa do Brasil seja parte"; ao passo que o Código de Defesa do Consumidor dispõe: "Art. 7º Os direitos previstos neste código não excluem outros decorrentes de tratados ou convenções internacionais de que o Brasil seja signatário, da legislação interna ordinária, de regulamentos expedidos pelas autoridades administrativas competentes, bem como dos que derivem dos princípios gerais do direito, analogia, costumes e equidade".

60. Bruno Miragem (2012, p. 89-95 e 108-109) contrapõe óbices postos à teoria do diálogo das fontes e anota que "não é, obviamente, método hegemônico nem tampouco dispensa a utilização dos demais métodos de interpretação. Todavia, admite uma solução alternativa a questões clássicas, da antinomia e das lacunas, mediante diretriz de compatibilização das normas legais a partir de parâmetros da Constituição. Diversas objeções podem ser – e são – opostas ao método do diálogo das fontes. Porém, nenhuma logrou retirar sua utilidade prática na solução de aparente conflito entre normas, uma vez que a rejeição pura e simples de uma delas, não raras vezes, conduz ao afastamento de um resultado prático de aplicação da norma que melhor conforma a Constituição e a realização dos direitos fundamentais".

61. Adiante, investigaremos a responsabilidade civil na LGPD, mas desde logo importa registrar o texto do artigo 45 da Lei Geral: "Art. 45. As hipóteses de violação do direito do titular no âmbito das relações de

Lei Geral de Proteção de Dados Pessoais não exclui sua própria aplicação em violações de dados de consumidores, todavia declara que permanecem tais situações "sujeitas às regras de responsabilidade previstas na legislação pertinente".

Portanto, tratando-se de uma situação jurídica em que o titular de dados seja, também, consumidor, haverá aplicação simultânea tanto da Lei Geral de Proteção de Dados quanto do Código de Defesa do Consumidor (e, eventualmente, de outra legislação). O que deve ocorrer de forma harmônica e, pois, orientada pela Constituição Federal, para realização dos direitos fundamentais de proteção de dados e de promoção da defesa do consumidor.

Outras normas devem incidir não só na responsabilidade civil e nas relações de consumo, mas também, igualmente, na proteção de dados pessoais, no propósito de atribuir efetividade a essa proteção e ao direito à privacidade. A mencionada possibilidade (e viabilidade) está expressa no artigo 64 da Lei Geral. Claudia Lima Marques (2020, p. 25) entende que são três os fundamentos ou as bases para aplicação simultânea de várias leis (de maneira coordenada e coerente) a um dado caso concreto diante de antinomias ou conflitos de leis:

> 1) *A unidade e coerência do ordenamento jurídico nacional*, visto como sistema brasileiro de fontes (sistema é um 'todo construído' com uma 'lógica', que será retirada da Constituição Federal, em especial dos direitos fundamentais e dos valores protegidos pela cláusula pétrea do Art. 60 § 4º); 2) *A convergência e complementaridade dos campos de aplicação das diversas fontes*, que não são mais campos de aplicação totalmente coincidentes (material e subjetivamente), de forma que não pode haver revogação, derrogação ou ab-rogação (a revogação expressa é cada vez mais rara no ordenamento jurídico brasileiro e o legislador geralmente indica a aplicação simultânea das leis, 'no que couber', ou quando a relação também envolve sujeito de direito protegido ou se a lei/fonte é mais favorável ao sujeito protegido constitucionalmente); 3) *A necessidade de dar efeito útil ('escutar'/considerar) às várias fontes adaptando o sistema conforme os valores constitucionais, colmatando as lacunas ao reunir em microssistemas as fontes que convergem para a mesma finalidade, ou através de uma interpretação sistêmica, teleológica ou mesmo históricas das leis gerais e especiais* (grifos originais).

Nesse sentido, é oportuna a conclusão de Gustavo Tepedino e Milena Donato Oliva (2020, p. 394), ao analisarem a proteção do consumidor no ordenamento brasileiro. Os autores, diante de situação em que há incidência do Código de Defesa do Consumidor e de lei especial[62], asseveram que "uma vez presentes seus pressupostos de aplicação, o CDC incide ainda que haja legislação especial para reger a atividade, tendo em vista ser norma de ordem pública e tutelar direito constitucionalmente protegido". Acrescente-se que a incidência de múltiplas fontes independe, assim, de especialidade, como também da relação de anterioridade e posterioridade. As normas aplicam-se simultaneamente.

---

consumo permanecem sujeitas às regras de responsabilidade previstas na legislação pertinente".
62. Os referidos autores citam casos de planos de saúde, de relação entre cliente e advogado e de contratos de transporte. Todos relativos a leis especiais e, também, tendo em vista a relação de consumo existente, a atrair incidência do CDC.

Estabelecido o cenário, considera-se que muitos são os casos de incidência de multiplicidade de fontes legislativas, desde o Código de Defesa do Consumidor e a Lei Geral de Proteção de Dados Pessoais, até o Marco Civil da Internet, a Lei do Cadastro Positivo e mesmo o Código Civil, como se nota adiante:

> Ademais, as previsões da LGPD ainda dialogam com os princípios constitucionais e direitos fundamentais pertinentes, bem como com a proteção que tanto o Código Civil como o Código de Defesa do Consumidor dispensam às situações existenciais dos usuários. Daí por que renúncias e transações sobre os dados, ainda mais quando realizadas sem as informações necessárias e sem contrapartida minimamente razoável, não são válidas[63] não apenas em razão das disposições específicas da LGPD, mas, também, à luz das disposições de outros diplomas legislativos, tais como o art. 11 do Código Civil. Afinal, o eixo valorativo da LGPD é a proteção da pessoa humana e de suas situações existenciais relevantes, o que deve ser levado em consideração para a interpretação de todas as suas demais disposições (FRAZÃO, 2020b, s/p).

Nesse diálogo de fontes plurais, o intérprete tem como orientação os valores constitucionais, voltados à realização dos direitos fundamentais envolvidos. Convém, para cumprir o objetivo pretendido, abordar a proteção do consumidor titular de dados pessoais e, ainda, o diálogo com o Código Civil.

2.5.1 A proteção do titular de dados pessoais e a proteção do consumidor

No que tange à proteção do consumidor (inclusive e especificamente para o enfrentamento de questões relativas a práticas de tratamento de dados pessoais), devemos partir de sua fundamentação constitucional para compreender a amplitude e profundidade que a Constituição Federal lhe atribui ao impor ao Estado agir afirmativamente para defender o consumidor. Isso significa dizer que o consumidor, titular de dados pessoais, deve receber promoção de sua defesa pelo Estado.

Verifica-se a determinação ao Estado de não apenas elaborar uma norma protetiva – a regulação das relações de consumo – e observar a defesa do consumidor, mas também de promover essa defesa, inclusive e, pode-se dizer, em especial, do titular de dados pessoais, cuja proteção também é direito fundamental autônomo.

Citado comando, inserido na condição de direito fundamental (artigo 5º, inciso XXXII), impõe a promoção da defesa dos consumidores no sentido de "assegurar afirmativamente que o Estado-Juiz, que o Estado-Executivo e o Estado-Legislativo realizem positivamente a defesa, a tutela dos interesses destes consumidores" (BENJAMIN; MARQUES; BESSA, 2009, p. 27).

Nessa linha, Sergio Cavalieri Filho (2011, p. 11) destaca a origem constitucional do Código de Defesa do Consumidor, justamente pelo constituinte originário

---

63. É importante anotar a antijuridicidade das renúncias e transações, a fortalecer a proteção de dados pessoais e os direitos e interesses jurídicos correlatos, mas também – para os fins da presente investigação – como fator que caracteriza a violação de direitos do titular de dados cujos danos deverão ser ressarcidos, tanto para fins da proteção do direito quanto para repressão do agente de tratamento de dados.

ter inserido cláusula de tutela que coloca a defesa do consumidor no rol de direitos fundamentais, determinando ao Estado (em suas três funções, ditos Poderes) sua realização.

Ao assim definir, a Constituição estabelece o reconhecimento da vulnerabilidade do consumidor no mercado de consumo e o consequente dever do Estado de agir para igualar o que nasce desigual, em consonância com o direito à igualdade, eis que "ao estabelecer-se proteção específica em relação ao consumidor, o que se promove é a *equalização*, por meio do direito, de uma relação *faticamente desigual*" (MIRAGEM, 2012, p. 44).

Com efeito, o fornecedor, ao lado da livre concorrência, da propriedade e da função social da propriedade, há que respeitar os princípios da ordem econômica, entre os quais se inclui a defesa do consumidor (artigo 170, V, da Constituição Federal).

Importa assinalar que o consumidor, titular de dados pessoais, tem a vulnerabilidade estabelecida expressamente pelo Código de Defesa do Consumidor e, de forma tácita, pela Lei Geral de Proteção de Dados. Essa lei reconhece a assimetria informacional, levando a um agravamento da vulnerabilidade[64] decorrente de uma "sobreposição de fraquezas, na medida em que aquele sujeito vulnerável é inserido em um novo contexto: o do mercado informacional" (BIONI, 2019, p. 165).

Em relação ao direito fundamental de promoção da defesa do consumidor, busca-se a materialização com o Código de Defesa do Consumidor[65], o qual contém normas de ordem pública e interesse social (artigo 1º). O Código prossegue nesse intuito, como se observa no artigo 4º, ao estabelecer a Política Nacional das Relações de Consumo com claros objetivos a serem perseguidos, como o atendimento das necessidades, da proteção de interesses econômicos e do respeito à dignidade, saúde e segurança dos consumidores, sem perder de vista a harmonia das relações de consumo. Nesse seguimento, Marcelo Sodré afirma:

> Encontramos nesta lista de objetivos o que podemos denominar como a *proteção integral do consumidor*, entendida como a que leva em consideração o consumidor (e suas relações) em seus mais diversos aspectos: acesso ao consumo de produtos e serviços, garantia de sua incolumidade física, psíquica e econômica, bem como a justiça nas relações de consumo para ambas as partes, pois a lei se refere à harmonia das relações de consumo (SODRÉ, 2009, p. 41).

Ainda no artigo 4º, constam princípios a serem atendidos na Política Nacional, com destaque para o inciso I, que trata do reconhecimento da vulnerabilidade do consumidor. Vislumbra-se diálogo das fontes quando se nota o consumidor, titu-

---

64. Daí a figura do consumidor hipervulnerável ou com vulnerabilidade agravada.
65. Em atenção aos comandos constitucionais, o Congresso Nacional elaborou o Código de Defesa do Consumidor, Lei 8.078/1990, que estabelece direitos e deveres aos sujeitos do mercado de consumo. "Em suma o Código de Defesa do Consumidor destina-se a efetivar, no plano infraconstitucional, princípios constitucionais, especialmente os princípios da isonomia substancial e da defesa do consumidor" (CAVALIERI FILHO, 2011, p. 10).

lar de dados pessoais, que acumula vulnerabilidades as quais ensejam o dever de defesa dos direitos fundamentais envolvidos, sobretudo de promoção da defesa do consumidor e da proteção de dados pessoais.

Para tanto, os princípios do inciso III relevam-se, compatibilizando a defesa do consumidor com a necessidade de desenvolvimento econômico e tecnológico, com base na boa-fé[66]. Sendo assim, a harmonização das relações é fundamental, principalmente quando se trata de proteção de dados pessoais, em que o desenvolvimento econômico e tecnológico é imprescindível à sociedade. Portanto, a compatibilização e harmonização desses (aparentemente) conflitantes interesses deve ser observada.

Salientamos, ainda, os princípios dos incisos V, incentivo de criação de meios eficientes de controle de qualidade por fornecedores, e VI, coibição e repressão eficientes de concorrência[67] desleal e outros abusos do mercado. Esses princípios são igualmente importantes na proteção de dados. A propósito, a Lei Geral de Proteção de Dados Pessoais determina a construção de regras de boas práticas e governança com intuito de promover a segurança de dados, vide seus artigos 49 e seguintes.

Persevera o Código de Defesa do Consumidor e designa uma série de direitos básicos, tal qual a liberdade de escolha (inciso II), a informação adequada e clara (inciso III)[68], a proteção contra abusos e práticas abusivas (inciso IV) e a prevenção e reparação de danos (inciso VI). É conveniente assentar que a prevenção de danos é direito básico do consumidor e, por conseguinte, nas situações que avocam aplicação do Código, é admissível reconhecer a função preventiva da responsabilidade civil, à semelhança do princípio da prevenção estatuído na Lei 13.790/2018.

Nessa esteira, o consumidor, cuja vulnerabilidade é reconhecida, possui arcabouço jurídico para enfrentar suas condições de desigualdade. Reiteramos que esta é agravada caso a pessoa natural ocupe, simultaneamente, as posições de consumidor e de titular de dados, situação em que a proteção da LGPD deve ladear a do Código de Defesa do Consumidor.

Salientamos que a defesa do consumidor é um dos fundamentos da proteção de dados, nos termos do artigo 2º da Lei Geral. Além do que, como visto, o artigo 45

---

66. Presente tanto no Código de Defesa do Consumidor como no Código Civil (em vários dispositivos, como os artigos 421 e 422) e, agora, na Lei Geral de Proteção de Dados Pessoais, como observado no item referente aos princípios da Lei Geral.
67. Rememore-se a previsão do artigo 2º (inciso VI) da Lei Geral de Proteção de Dados Pessoais, pela qual a livre concorrência é fundamento da disciplina de proteção de dados pessoais, ao lado da livre iniciativa e da defesa do consumidor.
68. Liberdade e informação clara, previstas no Código de Defesa do Consumidor, podem guardar relação com a autodeterminação informativa (fundamento da disciplina de proteção de dados previsto no artigo 2º, inciso II, da Lei Geral de Proteção de Dados Pessoais) e com a transparência (princípio da Lei Geral disposto no artigo 6º, inciso VI), que também se verifica no princípio da responsabilização e prestação de contas (artigo 6º, inciso X): "responsabilização e prestação de contas: demonstração, pelo agente, da adoção de medidas eficazes e capazes de comprovar a observância e o cumprimento das normas de proteção de dados pessoais e, inclusive, da eficácia dessas medidas".

dessa Lei estabelece que a responsabilidade civil disposta no Código de Defesa do Consumidor é aplicável diante de violação de dados pessoais no âmbito das relações de consumo.

2.5.2 O Diálogo entre a Lei Geral de Proteção de Dados Pessoais e o Código Civil

Conforme já mencionado, o diálogo das fontes está presente na Lei Geral de Proteção de Dados Pessoais. Essa abertura a outras fontes legislativas favorece intrincada rede de proteção que garante respeito aos dados pessoais, haja vista que eventuais violações não podem, assim, passar despercebidas.

Nesse sentido, há diálogo, por exemplo, quando ocorre violação de dados (mas não só) pelo chamado "encarregado", que não se encontra inserido no conceito de agente de tratamento, tampouco foi alvo de disciplina específica de responsabilidade civil na Lei 13.709/2018. Todavia, trata-se de alguém que pode causar danos, violar direitos e, em vista disso, deve ser responsabilizado por seus atos. Logo, esse silêncio parece atrair a cláusula geral do Código Civil.

Considerando a hipótese de o encarregado violar direitos e causar danos a titulares de dados em relações de consumo, instigante possibilidade é a aplicação do Código de Defesa do Consumidor, sendo possível avocar seu artigo 34, que estabelece a responsabilidade solidária do fornecedor do produto ou serviço por atos de seus prepostos ou representantes autônomos.

Isso se justifica porque a Lei Geral conceitua (artigo 5º, inciso VIII) o encarregado como a "pessoa indicada pelo controlador e operador para atuar como canal de comunicação entre o controlador, os titulares dos dados e a Autoridade Nacional de Proteção de Dados (ANPD)". Ao que parece, pois, ora pode ser preposto, ora representante autônomo do controlador e, com este, ser responsável solidário pelas lesões causadas.

Ademais, há potencial lesivo nas atividades do encarregado (ainda que não haja relação de consumo), dentre as quais a de adotar providências diante de comunicações recebidas pela Autoridade Nacional e de reclamações e comunicações dos titulares de dados, nos termos do artigo 41, § 2º, incisos I e II, da Lei Geral de Proteção de Dados Pessoais.

Quando, nesses casos, houver dano, o encarregado deverá ser responsabilizado, mormente por se tratar de dano a direito fundamental, a direitos da personalidade. Com efeito, o caso concreto indicará a norma a ser simultaneamente aplicada com a Lei Geral. Cabe destacar que, situações como essa, não raras vezes incluem a ocorrência de ato ilícito ou de abuso de direito, exigindo a incidência, por exemplo, dos artigos 186 ou 187, combinados com o 927, todos do Código Civil.

Noutro exemplo, identifica-se presente a busca de concretude na Lei Geral de Proteção de Dados Pessoais (consoante se denota da investigação de princípios antes considerados), tal qual visa o Código Civil com o princípio da operabilidade. Ambos os diplomas pretendem garantir efetividade de suas normas e oferecem, cada qual a seu modo, instrumentos para, combinados, alcançarem o almejado foco.

Desse modo, vislumbra-se contínuo diálogo, seja com o intuito de conferir efetividade ao ordenamento jurídico, seja para identificar responsáveis em ações indenizatórias. Em relação ao segundo propósito, o diálogo garante respeito aos diplomas legais, de forma concreta, e reconduz à harmonização abalada por prejuízos decorrentes de tratamento irregular de dados e transgressões a normas sob a segura orientação de preceitos constitucionais.

Vale acrescentar que a previsão do artigo 6º da Lei Geral de Proteção de Dados Pessoais determina a obrigatória observância da boa-fé nas atividades de tratamento de dados. Esse norte está presente, também, no Código Civil, do qual se extraem positivações derivadas da boa-fé objetiva, como a fonte de interpretação de negócios jurídicos (artigo 113)[69] e o limite do exercício de direitos subjetivos (artigo 187 – abuso de direito[70]). Tais experiências e dispositivos legais devem ser (co)utilizados na interpretação de situações que envolvam dados pessoais, sendo, portanto, aplicáveis a esses casos.

Uma vez apresentados importantes aspectos da proteção de dados, reporta-se necessário o exame das pretensões restitutórias pelos lucros ilícitos para, mais adiante, identificar a viabilidade dessas pretensões serem exploradas em casos que envolvem a proteção de dados pessoais, com a presença de diálogo das fontes, norteada pela Constituição Federal.

---

69. "Art. 113. Os negócios jurídicos devem ser interpretados conforme a boa-fé e os usos do lugar de sua celebração".
70. "Art. 187. Também comete ato ilícito o titular de um direito que, ao exercê-lo, excede manifestamente os limites impostos pelo seu fim econômico ou social, pela boa-fé ou pelos bons costumes".

3
PRETENSÕES RESTITUTÓRIAS PELO ILÍCITO LUCRATIVO

A literatura jurídica investiga a situação do ofensor que obteve ganhos a partir de atos ilícitos, pareada à necessidade de haver uma resposta a não permitir que isso aconteça (ou assim permaneça). Reconhece, ainda, que tal pretensão restitutória figura entre a responsabilidade civil e o enriquecimento sem causa, pois alguns são partidários da responsabilidade civil pelo ilícito lucrativo[1], enquanto outros, por verem o lucro da intervenção como resposta, defendem que a solução está no enriquecimento sem causa[2].

Entre os autores que se debruçam sobre o tema, Sergio Savi (2012, p. 2) chama atenção para ausência de tratamento da questão no ordenamento brasileiro e faz o alerta de que, sem a imposição ao ofensor da "obrigação de se desfazer do lucro obtido com a indevida ingerência nos bens e direitos alheios", o ordenamento jurídico fica "sem uma sanção eficaz para uma série de casos de violação a interesses merecedores de tutela".

Como é sabido, ilícitos lucrativos "geram resultados extremamente vantajosos para os infratores. Por conseguinte, na prática, comportamentos antijurídicos costumam ser muito bem remunerados" (ROSENVALD, 2019, p. 29), o que se dá, inclusive, em relação aos dados pessoais. Rememore-se a assertiva de Ana Frazão (2020a, s/p), para quem a "violação da privacidade e dos dados pessoais torna-se, portanto, um lucrativo negócio que, baseado na extração e na monetização de dados, possibilita a acumulação de um grande poder que se retroalimenta indefinidamente".

Nota-se, a propósito, a incoerência entre o Direito e a possibilidade de se manter uma indústria lucrativa quando a matéria-prima desta é obtida a partir da violação de direitos fundamentais. Ademais, há consonância nas teses dos autores de que não é possível permanecer nessa situação, já que entendem que o caminho é determinar

---

1. Incluem-se, nessa corrente, Nelson Rosenvald (2019), que fez aprofundado estudo em direito comparado para descobrir e, então, enquadrar a restituição do ilícito lucrativo na responsabilidade civil; Vitor Ottoboni Pavan (2020), com intensa e recém defendida dissertação; e, ainda, no direito português, Henrique Sousa Antunes (2019).
2. Partilham dessa visão Rodrigo da Guia Silva (2018) e, com destaque, Sergio Savi (2012), pelo pioneirismo no tema e por ser sempre referido pela literatura para estudos do tema (ainda que sob a ótica da responsabilidade civil). Além desses autores, destacam-se Miguel Kfouri Neto e Rafaella Nogaroli (2019), com o recente artigo "A aplicação do lucro da intervenção (*disgorgement of profits*) no direito civil brasileiro: um novo dano no campo da responsabilidade civil ou uma categoria de enriquecimento sem causa?"

a remoção dos lucros ilícitos e transferi-los para o titular de direitos lesados, como se confirma diante da assertiva abaixo:

> Afinal, se for indiferente ao interventor obter o consenso contratualmente para a utilização de bem de outrem ou simplesmente utilizar e ter que pagar o mesmo que teria despendido em caso de utilização autorizada, a título de indenização, a vontade do titular do direito deixa de ser relevante (SAVI, 2012, p. 4-5).

Dessa forma, fica evidente que a obrigação[3] do ofensor restituir ao titular de direito o lucro obtido pelo comportamento antijurídico é entendimento pacífico entre os estudiosos do tema. Entretanto, se o diagnóstico e o prognóstico parecem o mesmo, o tratamento não guarda unanimidade. O debate, portanto, encontra lugar no instituto a ser utilizado para cumprir esse propósito.

Na sequência, serão abordados os fundamentos comuns para que seja promovida a restituição do ilícito lucrativo e, ato contínuo, os enquadramentos pelo enriquecimento sem causa e pela responsabilidade civil para, então, identificar o caminho encontrado na presente investigação.

3.1 FUNDAMENTOS DAS PRETENSÕES RESTITUTÓRIAS DO ILÍCITO LUCRATIVO

A começar pelas concordâncias entre diagnóstico de que existe um problema (um agente a cometer conduta antijurídica não pode permanecer com o lucro obtido em decorrência dessa conduta) e prognóstico de que se deve impor como solução a obrigação de restituir esse ganho ao titular do direito, afirmamos: há fundamentos nas duas vias eleitas para o tratamento da situação. É necessário, pois, o enfrentamento do problema.

Sergio Savi (2012, p. 18-19) considera importante a remoção dos proveitos indevidos tanto em questões patrimoniais quanto, e sobretudo, naquelas que envolvem direitos da personalidade. O autor considera que o enfrentamento das lesões sem sanção eficaz tem lugar no lucro da intervenção:

---

3. Limongi França (1970, p. 693) afirma que obrigação seria "o vínculo, jurídico ou de equidade, pelo qual alguém está adstrito a, em benefício de outrem, realizar uma prestação". Para Maria Helena Diniz (2012, p. 45), a "obrigação é uma relação jurídica" em que "o devedor pode ser compelido a realizar a prestação. Possui caráter transitório, porque não há obrigações perpétuas; satisfeita a prestação prometida, amigável ou judicialmente, exaure-se a obrigação. O objeto da obrigação consiste numa prestação pessoal, só a pessoa vinculada está adstrita ao cumprimento da prestação. Trata-se de relação jurídica de natureza pessoal, pois estabelece-se entre duas pessoas (credor e devedor), e econômica, por ser necessário que a prestação positiva ou negativa (dar, fazer ou não fazer) tenha um valor pecuniário, isto é, seja suscetível de aferição monetária". Sérgio Carlos Covello (1987, p. 1365) afirma que obrigação é "a relação que estabelece vínculo, sujeitando o devedor a uma prestação em favor do credor, seja de dar, de fazer ou de não fazer alguma coisa"; e, mais à frente (p. 1369), afirma que as "fontes das obrigações são os fatos jurídicos em geral, que tanto podem ser naturais como humanos, subdividindo-se estes em lícitos e ilícitos".

Assim, sempre que o lucro obtido pelo ofensor fosse superior aos danos causados ao titular do direito, seria indiferente para o interventor escolher entre obter o consentimento do titular do bem ou dele apropriar-se deliberadamente. Afinal, nesta segunda hipótese, apenas teria, posteriormente, que pagar o valor de mercado do referido bem, a título de indenização. A responsabilidade civil seria aqui utilizada como mecanismo de "expropriação privada pelo preço de mercado". Contudo, conforme há muito sustentado pelo Supremo Tribunal Federal, "a consequência do ato vedado não pode ser a mesma do ato permitido". O que está por trás desta aparentemente singela afirmação é o reconhecimento de que o ordenamento jurídico deve tutelar adequadamente determinados institutos fundamentais para a pacífica interação social, como o contrato e a propriedade, assegurando que os mesmos sejam respeitados (SAVI, 2012, p. 18-19).

Com efeito, é preciso mecanismo hábil que impeça conduta antijurídica violadora de direitos – notadamente da personalidade –, com utilização de modelo capaz de reduzir estímulos aos comportamentos que visam a angariar benefícios indevidos e de identificar em "que circunstância a restituição por ilícitos lucrativos seria devida e quais os pressupostos objetivos para que seus efeitos se desencadeiem" (ROSENVALD, 2019, p. 31). Tudo isso para que o ilícito deixe de ser "um grande negócio lucrativo", como acontece quando o "causador de danos permanece com vantagens" (SANTOS, 2019, p. 219).

Em outras palavras, valorizamos tanto a função de desestímulo de condutas nocivas, quanto a remoção do proveito indevido[4]. Nesse trilho, Sergio Cavalieri Filho (2010, p. 1) recorre a San Tiago Dantas para afirmar que a ordem jurídica dedica-se a "tutelar a atividade do homem que se comporta de acordo com o Direito, reprime a conduta daquele que o contraria".

Destarte, a repressão da conduta contrária ao Direito e a tutela do comportamento probo (aquele que se dá em consonância com o Direito), combinadas, exigem estímulo ao cumprimento dos objetivos fundamentais especificados na Constituição Federal, especialmente a construção de uma sociedade livre, justa e solidária (artigo 3º, inciso I) e a dignidade da pessoa humana (artigo 1º, inciso III, da Constituição Federal). Por essa razão, não há lugar para prêmio ao infrator, de quem devem ser retirados os ganhos obtidos ao arrepio da lei.

Assim, sobressai a pretensa viabilidade a ser averiguada para que a remoção de ganhos ilícitos, diante de violações a direitos da personalidade – como (os correlatos) à privacidade –, seja um remédio para conferir concretude à proteção dos dados pessoais. Consideramos oportuno o estudo dos dois caminhos encontrados na literatura jurídica para tanto, no limite da apuração aqui pretendida, a começar pelo lucro da intervenção.

---

4. Nas palavras de ROSENVALD (2019, p. 32), "é preciso valorizar a função de desestímulo de comportamentos prejudicais à sociedade (de um lado) e a remoção de ganhos ilícitos (de outro)".

3.2 PRETENSÕES RESTITUTÓRIAS SOB O PONTO DE VISTA DO ENRIQUECIMENTO SEM CAUSA: O LUCRO DA INTERVENÇÃO

Uma das possibilidades para o tratamento do problema em tela segue a via do enriquecimento sem causa. A literatura jurídica tem chamado esse caminho de "lucro da intervenção". Para compreensão do tema, é prudente a abordagem não só de aspectos relativos ao lucro da intervenção, mas também de condições relacionadas com o enriquecimento sem causa.

Tem-se que lucro da intervenção diz respeito ao "lucro obtido por aquele que, sem autorização, interfere nos direitos ou bens jurídicos de outra pessoa" e "decorre justamente desta intervenção" (SAVI, 2012, p. 8). Também é conceituado como "lucro ilegitimamente obtido a partir da intervenção em bens ou direitos alheios" (SILVA, 2018, p. 37) e, ainda, como "qualquer vantagem patrimonial obtida indevidamente com base em direito alheio" (KONDER, 2017, p. 233). Diante disso, de acordo com Bruno Miragem, cabe a seguinte medida:

> [...] ação de enriquecimento sem causa em razão do chamado lucro de intervenção, para que aquele que sofreu lesão a direito possa obter da lesante restituição da vantagem que este tenha obtido em razão do ilícito. Explica-se: há situações em que o ofensor pratica ato ilícito consistente na violação de direito alheio. Contudo, desta lesão a direito, nem sempre resultarão objetivamente prejuízos estimáveis ao lesado. Em razão disso, a princípio não tem o lesado pretensão indenizatória contra o lesante, em face da ausência de dano. Contudo, note-se que em razão do mesmo ato ilícito resultam vantagens para aquele que o realizou. Tais vantagens importam no seu enriquecimento, sem que, todavia, haja causa jurídica para este acréscimo patrimonial. Ocorre que esta lesão foi causada à custa da lesão ao direito alheio, ainda que daí não [resulte] diretamente um prejuízo ao lesado. O sistema jurídico não poderá admitir, nestes termos, que a lesão a direito permaneça sem qualquer sanção. Igualmente, o enriquecimento do autor do ilícito se dá em razão da lesão a direito alheio. De se reconhecer, assim, que este enriquecimento não tem causa jurídica, de modo que seja titular, o lesado, de pretensão de restituição do enriquecimento (MIRAGEM, 2018, s/p).

Sendo assim, sob essa perspectiva, constata-se uma série de requisitos para que o lucro da intervenção seja resgatado com ação de enriquecimento sem causa[5]. Para Fernando Noronha (1991, p. 1104-1118), há três pressupostos positivos – enriquecimento, enriquecimento obtido à custa de outrem e inexistência de título justificativo – e dois negativos – subsidiariedade e enriquecimento fundado em negócio ilícito.

Já Agostinho Alvim (1957, p. 930-953) elege como condições o enriquecimento (requisito essencial), o empobrecimento (o autor aponta que pode haver enri-

---

5. José Roberto de Castro Neves (2006, p. 1248) afirma que se verifica o "enriquecimento sem causa se presentes: (a) a vantagem patrimonial propriamente dita, consistente no benefício aferível em dinheiro" (aumento de bens, diminuição passivo e economia de despesas); (b) o empobrecimento, de outra ponta, que se verifica diante da perda de patrimônio; (c) o nexo causal, isto é, o liame entre o enriquecimento de um e o empobrecimento de outro; (d) e, por fim, a ausência de causa. Haverá enriquecimento sem causa se presente nexo causal entre a vantagem e a perda do patrimônio de duas pessoas, sem uma causa jurídica geradora que justifique essa alteração".

quecimento sem empobrecimento), o nexo de causalidade ("a correlação há de se considerar entre o enriquecimento e um fato que se ligue à outra parte"), a ausência de justa causa (o que justificaria o enriquecimento, a contrapartida, sob pena de se condenar o enriquecimento) e o caráter subsidiário da ação.

Rememore-se que, para Fernando Noronha (1991, p. 1086), as obrigações da responsabilidade civil têm origem no dano, ao violar o dever geral de a ninguém lesar, cuja tutela se encontra no interesse do credor na obtenção da reparação[6] dos danos experimentados, ao passo que as obrigações do enriquecimento sem causa originam-se da apropriação ou mero aproveitamento por outra pessoa de bens destinados ao titular. Destarte, a tutela seria "o interesse do credor na reversão para seu patrimônio dos bens ou do valor do aproveitamento obtido" à custa do titular (NORONHA, 1991, p. 1086). Logo, a remoção dos ganhos indevidos encontraria lugar no enriquecimento sem causa. Nesse prisma:

> O *enriquecimento* do interventor, no sentido de vantagem patrimonial efetiva (e não virtual ou hipotética) poderá consistir, segundo o entendimento geral previamente delineado, no incremento do ativo, na diminuição do passivo ou na poupança de despesa [...]. A *obtenção à custa de outrem*, por sua vez, se depreende da percepção de que a vantagem do interventor decorre, em maior ou menor extensão, do bem ou direito sobre o qual incidiu a intervenção [...]. A *ausência de justa causa*, por fim, é indiciada pela constatação da inexistência de autorização legal ou negocial para a utilização do direito alheio, sendo certo, contudo, que a ausência de título jurídico formal deve ser sopesada com os demais valores relevantes para a delimitação da (in)justiça do enriquecimento em cada caso concreto (SILVA, 2018, p. 316-317).

Aqui, o empobrecimento – em releitura – daria lugar a essa percepção de vantagem sobre bem ou direito alheio. O lucro ilícito não pode permanecer com o agente que o obteve a partir do ilícito, motivo pelo qual parte da literatura jurídica (majoritária, ao que tudo indica[7]) encontra a resposta na vedação ao enriquecimento sem causa.

3.2.1 Justificações do enquadramento do lucro da intervenção sob o manto do enriquecimento sem causa em disputa com a responsabilidade civil

Ressalta-se, na construção da presente temática, o foco em delimitar o percurso que levaria o Direito à saída da celeuma, como uma procura para enfrentar aquilo que seria a insuficiência da responsabilidade civil, construindo-se alternativa a esse instituto, uma vez que a resposta até então dada pela responsabilidade civil é insuficiente, em decorrência da limitação de suas funções no Direito brasileiro. À vista disso, a remoção do lucro ilícito do ofensor revela-se coerente com o sistema jurídico, como se denota na seguinte premissa:

---

6. Consoante será explorado, a função reparatória – ainda que central – é uma das funções da responsabilidade civil.
7. São exemplos: Aline de Miranda Valverde Terra e Gisela Sampaio da Cruz Guedes (2015), Anderson Schreiber e Rodrigo da Guia Silva (2018), Pedro Pimenta Mendes (2019).

Ao permitir que o lucro da intervenção permaneça no patrimônio do interventor, esse acabaria se beneficiando da própria torpeza, o que é vedado pelo princípio geral de direito há muito consagrado na ordem jurídica brasileira, sendo que impedir o enriquecimento injusto constitui uma das finalidades gerais do direito das obrigações (SAVI, 2018, p. 290).

Tanto os autores que defendem a restituição do ilícito lucrativo pelo enriquecimento sem causa[8] quanto aqueles que enxergam o caminho para tal fim na responsabilidade civil[9] indicam como um dos obstáculos a subsidiariedade do instituto. Os primeiros citam tal característica, para construir formas de ultrapassá-la, enquanto os demais, para demonstrar a insuficiência da vedação ao enriquecimento sem causa[10]. Vale mencionar que o artigo 886 do Código Civil estabelece a subsidiariedade ao disciplinar que "não caberá a restituição por enriquecimento, se a lei conferir ao lesado outros meios para se ressarcir do prejuízo sofrido".

Maria Helena Diniz (2010, p. 603), sobre o assunto, adverte que, "se alguém vier a enriquecer, não precisará devolver o bem, se a lei conceber ao lesado outros meios (p. ex. indenização por perdas e danos ou pelo equivalente pecuniário, ação de nulidade negocial) para que se possa reparar o dano". Haveria, portanto, dispensa da restituição.

Todavia, até mesmo "o linguajar utilizado é inapropriado, porque mencionam-se o lesado e o prejuízo que são expressões típicas da responsabilidade civil", ao passo que a ação de enriquecimento sem causa não visa à recomposição de prejuízo, tampouco reparação de lesão, mas intenta a restituição de enriquecimento. Assim, é possível constatar impropriedades no artigo 886 do Código Civil, que afastam sua aplicabilidade (KROETZ, 2005, p. 109).

Anote-se a presença de julgamento paradigmático a esse respeito, quando o Superior Tribunal de Justiça[11] – no único acórdão resultado de pesquisa jurispru-

---

8. Como é o caso de Sergio Savi (2012) e Rodrigo da Guia Silva (2018).
9. Sobretudo Nelson Rosenvald (2019).
10. O mesmo ocorre no enquadramento, na responsabilidade civil, com o princípio da reparação integral.
11. Recurso especial. Direito civil. Uso indevido de imagem. Fins comerciais. Enriquecimento sem causa. Art. 884 do código civil. Justa causa. Ausência. Dever de restituição. Lucro da intervenção. Forma de quantificação. [...] 5. O dever de restituição daquilo que é auferido mediante indevida interferência nos direitos ou bens jurídicos de outra pessoa tem a função de preservar a livre disposição de direitos, nos quais estão inseridos os direitos da personalidade, e de inibir a prática de atos contrários ao ordenamento jurídico. 6. A subsidiariedade da ação de enriquecimento sem causa não impede que se promova a cumulação de ações, cada qual disciplinada por um instituto específico do Direito Civil, sendo perfeitamente plausível a formulação de pedido de reparação dos danos mediante a aplicação das regras próprias da responsabilidade civil, limitado ao efetivo prejuízo suportado pela vítima, cumulado com o pleito de restituição do indevidamente auferido, sem justa causa, às custas do demandante. 7. Para a configuração do enriquecimento sem causa por intervenção, não se faz imprescindível a existência de deslocamento patrimonial, com o empobrecimento do titular do direito violado, bastando a demonstração de que houve enriquecimento do interventor. 8. Necessidade, na hipótese, de remessa do feito à fase de liquidação de sentença para fins de quantificação do lucro da intervenção, observados os seguintes critérios: a) apuração do *quantum debeatur* com base no denominado lucro patrimonial; b) delimitação do cálculo ao período no qual se verificou a indevida intervenção no direito de imagem da autora; c) aferição do grau de contribuição de cada uma das partes e d) distribuição do lucro obtido com a intervenção proporcionalmente à contribuição de cada partícipe da relação jurídica. 9. Recurso especial provido. (REsp 1698701/RJ, Rel. Ministro Ricardo Villas Bôas Cueva, Terceira Turma, julgado em 02.10.2018, DJe 08.10.2018).

dencial sobre lucro da intervenção –, por meio do voto do Ministro Ricardo Villas Bôas Cueva, entendeu que o dever de restituição encontra fundamento no instituto do enriquecimento sem causa, nos seguintes termos:

> A subsidiariedade da ação de enriquecimento sem causa não impede que se promova a cumulação de ações, cada qual disciplinada por um instituto específico do Direito Civil, sendo perfeitamente plausível a formulação de pedido de reparação dos danos mediante a aplicação das regras próprias da responsabilidade civil, limitado ao efetivo prejuízo suportado pela vítima, cumulado com o pleito de restituição do indevidamente auferido, sem justa causa, às custas do demandante (Resp. 1698701/RJ).

Em verdade, parece não se sustentar o óbice da subsidiariedade. Por outro lado, na tentativa (bem-sucedida) de afastar esse requisito negativo, Maria Cândida do Amaral Kroetz (2005, p. 109) reconhece que a recomposição de lesão e de prejuízo tem outra via eleita no ordenamento para mencionada persecução. Diante de lesão e prejuízo, busca-se o remédio da responsabilidade civil.

Embora essa questão pareça representar um fundamental eixo de debate acerca do tema, é interessante observar que Sergio Savi (2012, p. 15-17), noutra via, exemplifica que o lucro da intervenção teria lugar quando os danos sofridos pelo titular do direito estiverem aquém do enriquecimento do ofensor. O autor afirma, ainda, que, quando o dano ocorrer sem a presença de enriquecimento do ofensor ou, ainda, quando houver esse enriquecimento, mas o prejuízo do ofendido for superior ao enriquecimento, a resposta seria a responsabilidade civil[12].

Seria, dessa forma, uma saída para a suposta impossibilidade da responsabilidade civil avançar do limite da extensão do dano. Em outros dizeres, como a responsabilidade civil não permitiria que a indenização fosse maior que a extensão do dano, com base no Código Civil e no princípio da reparação integral, para que o interventor não se mantivesse com o lucro obtido ilicitamente e este fosse transferido ao titular do direito, caberia o lucro da intervenção.

Ultrapassando a subsidiariedade – mas, sem deixá-la de lado – Nelson Rosenvald (2019, p. 394-398) observa que há desvinculação do enriquecimento sem causa com um antecedente ilícito (que se encontra inegavelmente presente no ilícito lucrativo). Em relação a tal aspecto, Maria Cândida do Amaral Kroetz (2005) destaca que as bases dos institutos não coincidem, com estas palavras:

> A responsabilidade civil supõe, em regra, um comportamento ilícito e até culposo por parte do agente obrigado a restituir. Existe a garantia de que ele não terá de suportar o prejuízo se estiverem ausentes sua culpa ou ilicitude do ato. No enriquecimento sem causa a conduta do enriquecido não tem tanta relevância, já que a obrigação de restituir o enriquecimento pode derivar até de um ato jurídico que não seja consequência da conduta humana (Kroetz, 2005, p. 84).

---

12. No mesmo sentido, afirmando que "quando a intervenção do dano ao titular do direito, mas o lucro obtido com tal conduta fica aquém do dano experimentado pelo ofendido, as regras da responsabilidade civil mostram-se plenamente eficazes" (KFOURI NETO; NOGAROLI, 2019, p. 583).

A prevalecer a chamada teoria da ilicitude, o lucro da intervenção não encontraria respaldo para ser removido com ação de enriquecimento sem causa. Em contraposição, estaria a teoria da destinação dos bens (ou teoria do conteúdo da destinação), "cuja definição se concentra na afetação da posição jurídica do lesado, a partir do pressuposto de que a exploração das virtualidades de determinada posição jurídica cabe exclusivamente ao seu titular" (MIRAGEM, 2018, s/p).

Em sintonia com a compreensão atinente à teoria da destinação dos bens, Carlos Nelson Konder (2017, p. 239) afirma que a citada teoria decorre "da noção de que cabe ao titular de um direito as vantagens dele decorrentes e, portanto, não pode outrem reter para si essas vantagens sem autorização do titular ou outro fato idôneo a justificar essa retenção". Seria essa teoria da destinação dos bens sustentada no seguinte:

> [...] em um sistema jurídico em geral, ao atribuir às pessoas os direitos absolutos, oponíveis *erga omnes*, como os direitos reais, está reservado a elas e somente a elas o aproveitamento econômico dos bens, ainda que imateriais, a que dizem respeito tais direitos, sendo isto o que consiste na ordenação jurídica dos bens (CERVEIRA, 2002, s/p).

Registre-se que não é unanimidade a prevalência dessa teoria. De forma diversa, Sergio Savi (2012, p. 103-104) sustenta o lucro da intervenção pela teoria da ilicitude e aduz que a ausência de justa causa estaria na constatação de que teria havido contrariedade a direito. Consoante o autor, "para os casos de enriquecimento por intervenção, seriam considerados sem causa os enriquecimentos obtidos através da ingerência indevida em direitos subjetivos".

De toda sorte, o Conselho da Justiça Federal, durante a VIII Jornada de Direito Civil, aprovou o Enunciado 620: "Art. 884: A obrigação de restituir o lucro da intervenção, entendido como a vantagem patrimonial auferida a partir da exploração não autorizada de bem ou direito alheio, fundamenta-se na vedação do enriquecimento sem causa"[13].

Ao revés o posicionamento majoritário da literatura, bem como do entendimento acima, Nelson Rosenvald (2019, p. 394-398) destaca que a posição dominante de autores que defendem o enriquecimento sem causa como instituto apto a solucionar causas envolvendo lucro da intervenção é a de que "o demandado deverá reter parte dos lucros que adquiriu com base em seus próprios esforços e capacidades", mantendo consigo parte dos ganhos obtidos.

Em similar ponderação, Rodrigo da Guia Silva (2018, p. 318-325) relaciona o enriquecimento sem causa ao lucro no sentido de resultado de faturamento, suprimidas despesas. Assim, embora defenda a possibilidade de cumular os pedidos, acredita ser necessário verificar se o lucro ilícito é maior do que o dano injusto

---

13. Disponível em: https://www.cjf.jus.br/cjf/corregedoria-da-justica-federal/centro-de-estudos-judiciarios-1/publicacoes-1/jornadas-cej/viii-enunciados-publicacao-site-com-justificativa.pdf.

do ofendido e, então, abater o valor do dano, para não haver *bis in idem*. Ainda mais enfático na possibilidade de manter ganhos com o ofensor, Sérgio Savi assim considera:

> A regra geral para a determinação do objeto da restituição será a utilização do enriquecimento patrimonial como premissa inicial do cálculo do montante a restituir. Após aferir o montante do enriquecimento patrimonial do interventor, o juiz deverá verificar o grau de contribuição de cada um dos partícipes da relação, titular do direito e interventor, no resultado final e partilhar proporcionalmente o lucro obtido com a intervenção. Só assim estar-se-á transferindo ao titular do direito o lucro que foi obtido à sua causa (SAVI, 2012, p. 140).

Importa dizer que haveria (limitado, mas haveria) benefício do interventor por sua própria torpeza, já que manteria ganhos obtidos ilicitamente consigo, em contrassenso com a própria assertiva apontada por quem defende a via do enriquecimento sem causa. Se o instituto do enriquecimento sem causa não consegue avançar sobre todo o ganho, pode não ser a resposta mais apropriada ao enfrentamento da questão, sob pena de se manter estimulada a conduta antijurídica e permitir, ainda que parcialmente, tal benefício.

Isso levaria à inobservância da pretendida efetividade do desestímulo ao ofensor, em violação ao princípio da operabilidade. Por conseguinte, os estudos devem buscar instrumentos para superar a extensão do dano com a responsabilidade civil para incluir nesta a remoção dos ganhos ilícitos com sua transferência ao titular de direitos. Assim, pode-se concordar com a assertiva: "está clara a vocação universal da repressão do ilícito do lesante pela responsabilidade civil" (ANTUNES, 2019, p. 131).

Explicamos: o instituto eleito para a solução do caso seria a responsabilidade civil, que deixaria de ser aplicada por, em tese, sua quantificação[14] não permitir alcançar o limite do dano causado no ofendido, eis que tal remoção de ganhos ilícitos somente seria possível com função punitiva. Em palavras mais diretas, pode-se dizer que o caso comportaria responsabilidade civil, mas a quantificação não chegaria ao montante necessário para atingir o lucro ilegítimo obtido quando superior ao dano.

Como mencionado alhures, a responsabilidade civil pelo ilícito lucrativo não utiliza, necessariamente, a função punitiva. Ademais, se o problema é a quantificação, pode-se compreender que a resposta, de fato, estaria nesse instituto. Por outro lado, deve-se estudar mecanismos que permitam remover os ganhos ilícitos para demover o ofensor da prática, demonstrar à sociedade que o ilícito não compensa, bem como estimular a conduta proba e conforme o Direito.

---

14. Conforme será visto, Antonio Jeová Santos (2019, p. 218) defende a solução, exatamente, na quantificação do dano moral, devendo aqui ser inserida a remoção do ganho ilícito.

3.3 PRETENSÕES RESTITUTÓRIAS PELA VIA INDENIZATÓRIA: A RESPONSABILIDADE CIVIL PELO ILÍCITO LUCRATIVO

Em verdade, fundamenta-se a necessidade de remover os ganhos ilícitos do causador do dano na responsabilidade civil, razão pela qual se percorre as funções e as possibilidades do instituto. Antes de tratar da responsabilidade civil pelo ilícito lucrativo, abordam-se lições que possibilitam um caminho não unitário, ou melhor, permitem que dois remédios sejam aplicados isolada ou cumulativamente, conforme o caso. Nessa seara, Maria Candida do Amaral Kroetz defende a viabilidade de soluções variadas:

> a) quando a intervenção é culposa e causa um dano cujo montante é superior ao lucro obtido, aplicam-se as regras da responsabilidade civil e a questão do lucro por intervenção perde o interesse, porque o lucro é absorvido pelo montante da indenização a ser paga; b) quando a intervenção não é culposa e implica a realização de um lucro, este deve ser restituído com base nas regras do enriquecimento sem causa; c) quando a intervenção é culposa mas não causa dano ou causa dano num montante inferior ao lucro obtido, é necessário mesclar as regras da responsabilidade civil e do enriquecimento sem causa para possibilitar o total equacionamento da questão (Kroetz, 2005, p. 161).

Carlos Nelson Konder (2017, p. 246-247), da mesma maneira, entende que não seria um caminho unitário a comportar o enquadramento do lucro da intervenção. Postula que "a trajetória aqui percorrida, voltada mais à exposição do problema, reconheceu a impossibilidade de uma abordagem unitária das hipóteses tão diversas", cabendo recorrer, conforme o caso, a um dos instrumentos examinados, podendo chegar a cumular as pretensões.

Portanto, ainda que sejam aprofundados os estudos alusivos ao enriquecimento sem causa, continua-se a enxergar a responsabilidade civil como remédio para tais casos. A responsabilidade civil, efetivamente, é a (senão única, crucial) porta procurada quando há presença de conduta antijurídica a causar dano, sendo que a razão de ser do instituto é atuar no equilíbrio (seja para o restabelecimento, seja para preservação). Talvez por isso haja constante evolução na responsabilidade civil, sobre a qual jurisprudência e literatura jurídica debruçam-se cotidianamente.

Parte da literatura dedica-se a modificar ou ampliar o foco, o paradigma da entidade. Realmente, "a responsabilidade civil evolui não só buscando novos conhecimentos, novas técnicas: ela evolui também ao buscar novos olhares, isto é, olhos novos permitem que vejamos realidades que antes não éramos capazes de ver"[15] (BRAGA NETTO, 2019, p. 33).

---

15. Felipe Braga Netto (2091, p. 33) inicia seus estudos para contextualizar o que chama de nova responsabilidade civil e, após citar Oscar Wilde ("Desculpe não ter te reconhecido. É que eu mudei muito"), cita Marcel Proust: "A verdadeira viagem de descobrimento consiste não em buscar cenários novos, mas em ter olhos novos".

O esforço, assim, deve abrir o modelo de forma plural, fazendo com que nele convivam remédios reparatórios, restitutórios e punitivos, cada um dentro de seus objetivos. O direito, por sua vez, pode ir além, "transcendendo a epiderme do dano, para alcançar o ilícito em si, seja para preveni-lo, remover os ganhos indevidamente dele derivados ou, em situações excepcionais, punir comportamentos exemplarmente negativos" (ROSENVALD, 2019, p. 26). O olhar ultrapassaria, então, a vítima e o objetivo de promover o retorno desta ao estado anterior ao dano.

Sob outra ótica, mas também voltado a transcender a epiderme do dano, Daniel de Andrade Levy[16] (2012, p. 5) defende uma nova cisão na responsabilidade civil entre o direito dos danos, em que o núcleo mantém-se tal qual está, na vítima; e o direito das condutas lesivas, no qual se pretende ter no agente o novo âmago, a fim de evitar o enriquecimento do ofensor com, por exemplo, reiteradas microlesões.

Essa é a seara advogada por Pablo Malheiros da Cunha Frota (2016, p. 174-175), para quem há possibilidade de aplicar pena privada a algumas hipóteses. Seria o caso do referido exemplo das microlesões e da "lucratividade por parte do lesante com a produção do dano (lucro ilícito ou *disgorgement*), a tornar insuficiente a função reparatória da responsabilidade civil e consumerista". Registre-se, entretanto, que a restituição do lucro ilícito não se encontra, necessariamente, vinculada com a função punitiva.

Não obstante entenda a necessidade da mudança de paradigmas como um fator importante – da perspectiva após o fato para a anterior, focada em prevenir e modificar comportamentos – Nelson Rosenvald (2019, p. 26) não tem exatamente essa ideia, mas a de alterar no "campo do incentivo à criação de remédios adicionais *post-facto*, no interno da justiça corretiva, que permitam a remoção ou a restituição de benefícios ilícitos".

Já Vitor Ottoboni Pavan (2020, p. 236), em releitura do princípio da reparação integral, afirma que a "tutela contra o ilícito lucrativo corresponde à ressignificação defendida sob os princípios da solidariedade, da dignidade da pessoa humana e com vistas ao objetivo de construção de uma sociedade justa (justiça social)", reconhecendo, todavia, como suficiente a fundação na justiça corretiva para incluir a remoção dos ganhos ilícitos na responsabilidade civil.

Por conseguinte, a remoção dos ilícitos lucrativos com a responsabilidade civil parece adequada ao fim pretendido, devendo suas possibilidades serem estudadas e seus óbices superados.

---

16. Nas palavras do autor: "o nosso objetivo, portanto, é demonstrar de que forma a Responsabilidade Civil tem sido esticada em duas diferentes direções: uma que busca regular condutas e outra que procura reparar eficientemente. É esse duplo caminhar que demonstra a insuficiência de um eixo único, impondo-se uma nova sistematização da disciplina: de um lado, uma Responsabilidade Civil que enxerga o agente, fundada em sua conduta, e que chamaremos de *Direito das Condutas Lesivas*; de outro, uma disciplina que se preocupa apenas em indenizar a vítima, fundada em novos mecanismos indenizatórios, e que denominaremos *Direito dos Danos*" (LEVY, 2012, p. 5).

3.3.1 Pontos de Vista Acerca da Responsabilidade Civil

A verificação de aspectos da responsabilidade civil contribui com a pretensa investigação, para se ratificar o liame do instituto seja com o dano, seja com o ilícito. Com efeito, a responsabilidade civil leva à reparação do dano aquele que o causa a partir de um ato ilícito, com o escopo de restabelecer o equilíbrio violado, bem como de prevenir outros atos ilícitos causadores de novos prejuízos.

Efetivamente, "a responsabilidade civil consiste justamente na imputação do evento danoso a um sujeito determinado, que será, então, obrigado a indenizá-lo" (BODIN DE MORAES, 2006, p. 239). Há, assim, a perspectiva da centralidade da responsabilidade civil ser o dano. Nesse sentido, segue o parecer de Ana Cláudia Côrrea Zuin Mattos do Amaral e Everton William Pona (2012, p. 25): "num processo de antecedência lógica, eliminando-se o dano, desconfigura-se qualquer dever de indenizar. A ocorrência de danos gera instabilidade e provoca desequilíbrios na economia e na sociedade".

Marcos Ehrhardt Júnior, por seu turno, em estudo concernente ao que considera a inadequação do modelo tradicional, sob o prisma do direito civil constitucional – fato que leva a questionar se o direito de danos estaria a substituir a responsabilidade civil –, assevera:

> Se a abrangência do dano aumenta para atingir interesses transindividuais, não é mais possível pensar a responsabilidade civil a partir de uma estrutura individualista e eminentemente patrimonial. A responsabilidade, enquanto instrumento para proteção de direitos fundamentais, num contexto de pluralidade de fontes normativas, não pode se limitar ao binômio dano-reparação, sendo importante analisar a questão dos custos sociais necessários à proteção da pessoa humana e o papel do intérprete na tutela de uma noção de dignidade cada vez mais vinculada à solidariedade e igualdade substancial, razão pela qual o ponto de partida está na funcionalização das situações patrimoniais às existenciais para a construção de uma nova dogmática, que vem se desenvolvendo mediante utilização de cláusulas gerais para delimitação de deveres gerais de conduta nas relações entre particulares (Ehrhardt Júnior, 2014, p. 309).

Com efeito, a responsabilidade civil almeja ao reequilíbrio, impondo o dever de indenizar pelo dano causado, considerando que "alguém civilmente responsável terá de indemnizar o lesado pelo dano causado. Indemnizar é, assim, tornar alguém indemne, isto é, sem dano. O dano constitui, simultaneamente, o pressuposto e o limite da indemnização" (MONTEIRO, 2017, p. 19).

Há, todavia, aparente paradoxo em oferecer ao dano (como pressuposto) o cerne da responsabilidade civil, sobretudo quando se pretende examinar a remoção do ganho ilícito, cujo eixo não é a vítima, mas sim o ofensor, aquele quem detém o ganho. De fato, trata-se exatamente disso: um aparente paradoxo[17], eis que os esforços para devolver a vítima à situação anterior ao dano mostram-se insuficientes

---
17. Ao tratar dos princípios da responsabilidade civil, especialmente, do princípio da proteção prioritária à vítima do dano, Felipe Braga Netto (2019, p. 84) pondera que "falar em maior cuidado com a vítima não

para inibir condutas lesivas e, pois, para evitar o dano. Deve-se ter presente, por conseguinte, a assertiva reflexão de Ana Cláudia Côrrea Zuin Mattos do Amaral e Pedro Henrique Arcain Riccetto (2017, p. 123):

> A história revelou que mudar é preciso. Conforme os anseios sociais se alteram, cabe ao Direito percebê-los e a eles amoldar-se, garantindo-se assim a necessária coesão, evitando-se tornar uma ciência desvinculada da realidade. As proposições apresentadas passam novamente a ser fruto de debate mais amplo, levado a toda a comunidade jurídica, ingressando-se em proposta de reformulação da própria teoria geral da responsabilidade civil, sem que se limite, neste primeiro momento, à legislação vigente, porque passível de alteração pelos instrumentos próprios.

No decorrer da história, foram conferidas à responsabilidade civil funções variadas, mas correlatas: "punir um culpado, vingar a vítima, indenizar a vítima, restabelecer a ordem social e prevenir comportamentos anti-sociais" (PÜSCHEL, 2005, p. 92). Fica evidente, diante disso, que a responsabilidade civil reveste-se de adaptabilidade para cumprir seu propósito. Ademais, a realidade contemporânea está redimensionando-a como remédio ou "como instrumento de tutela dos direitos inerentes à pessoa e não apenas voltado à recomposição do patrimônio ou ao seu equivalente por meio da indenização" (VENTURI, 2014, p. 357).

Cristiano Chaves de Farias, Felipe Peixoto Braga Netto e Nelson Rosenvald (2019, s/p)[18] corroboram tal percepção, assinalando que "*responsabilizar* já significou punir, reprimir, culpar; com o advento da teoria do risco, *responsabilizar* se converteu em reparação de danos. Agora, some-se à finalidade compensatória a ideia de responsabilidade como prevenção de ilícitos". A responsabilidade civil, destarte, reinventa-se sem perder sua essência: servir como instrumento do Direito para salvaguardar o lícito e conter o ilícito, visando à harmonia e equilíbrio, restabelecendo-o quando violado pelo dano. Em outras palavras:

> [...] o conceito de responsabilidade civil liga-se à ideia de reparação, de restabelecimento da harmonia social e de equilíbrio entre o lesante e o lesado, de modo a concretizar o principal objetivo da ordem jurídica, que, conforme preleciona Sergio Cavalieri Filho, é proteger o lícito e reprimir o ilícito, valorizando a atividade do homem conforme o direito e reprimindo aquele que o contraria (AMARAL, 2015. p. 41).

---

significa dizer que não possamos ter, ao mesmo tempo, um juízo de reprovabilidade da conduta do ofensor (caráter exemplar da indenização), à luz da teoria do desestímulo".

18. Os autores trabalham o conceito de responsabilidade civil e mensuram que "no amplo campo dos conflitos sociais e danos anônimos, atemporais e globais, o agente moral deliberará pela prevenção, como forma ética e virtuosa de comportamento. Esse é um caminho seguro para uma ordem jurídica que se queira justa. Essa perspectiva não é inédita, pois na verdade evoca uma dicotomia suscitada por Aristóteles entre a justiça corretiva e a distributiva. Aquela objetiva o restabelecimento de uma igualdade hipotética entre as partes, tomando como base a posição em que se encontravam inicialmente (o que descreve perfeitamente a função compensatória clássica da responsabilidade civil). Em contrapartida, quando se aplica a justiça distributiva ao campo da responsabilidade civil que se contrasta ao formalismo jurídico, pois permite a introdução de outros critérios de distribuição de danos, que podem incluir a virtude, o mérito e o demérito, entre outros. Isso abre campo para uma visão plurifuncional da responsabilidade civil, na qual a trasladação de danos passados para o patrimônio do ofensor deixa de ser o seu único fundamento normativo" (FARIAS; BRAGA NETTO; ROSENVALD 2019, s/p).

O caráter adaptável da responsabilidade civil acaba por revelar que a contenção e a repressão do ilícito podem ser remédio menos eficazes à pacificação social do que a prevenção, mormente quando se está em cenário a atividade de risco. Dessa forma, tal adaptabilidade permite-lhe se manter como efetivo remédio para esse desiderato, sob diretriz do ordenamento jurídico vigente e, portanto, da Constituição Federal, bem como orientado pela justiça social e pela dignidade da pessoa humana.

Vale mencionar que a incidência da Constituição, com os princípios da dignidade da pessoa humana e da solidariedade social, influencia e ilumina a responsabilidade civil. "Nessa ordem de ideias, a dignidade humana – e sua cláusula irmã que postula o *livre desenvolvimento da personalidade humana* –, além da solidariedade social, devem iluminar a solução de controvérsias no direito dos danos do século XXI" (BRAGA NETTO, 2019, p. 34).

Maria Celina Bodin de Moraes (2006, p. 238), ao investigar efeitos da constitucionalização do direito civil na responsabilidade civil, faz apontamentos em relação ao aumento das possibilidades ressarcitórias e afirma o seguinte sobre a responsabilidade civil:

> [É u]m dos instrumentos jurídicos mais flexíveis, dotado de extrema simplicidade, estando apto a oferecer a primeira forma de tutela a interesses novos, considerados merecedores de tutela tão logo sua presença seja identificada pela consciência social, e que de outra maneira ficariam desprotegidos, porque ainda não suficientemente amadurecidos para receberem atenção e, portanto, regulamentação própria por parte do legislador ordinário.

A referida flexibilidade não se restringe (tampouco poderia) ao dano, mas a todos os seus pressupostos. Nesse percurso, Anderson Schreiber (2015) examina, a partir do que denomina de "ocaso da culpa"[19] (p. 9 e ss), os paradigmas da responsabilidade civil, perpassando pela erosão do nexo causal[20] (p. 78-79) e incluindo os novos danos[21] (p. 92 e ss). A bem da verdade, como afirma Felipe Braga Netto (2019, p. 33), a "sociedade mudou tanto, tantas são as novas cores das relações

---

19. O autor afirma que "a responsabilidade objetiva parece revelar a sua verdadeira essência na contemporaneidade: não a de uma responsabilidade por risco, mas a de uma responsabilidade independente de culpa ou de qualquer outro fator de imputação subjetiva, inspirada pela necessidade de se garantir reparação pelos danos que, de acordo com a solidariedade social, não devem ser exclusivamente suportados pela vítima" (SCHREIBER, 2015, p. 30-31). Além disso, assinala que "a presunção de culpa representava uma solução intermediária, que impedia as injustiças perpetradas pela severa exigência da prova da culpa", o que não quer dizer que a culpa não seja relevante (SCHREIBER, 2015, p. 50).
20. "A gradual perda de rigor na apreciação do nexo de causalidade, extraída de tantos expedientes empregados pela jurisprudência, com maior ou menor apoio na doutrina, efetivamente assegura às vítimas em geral a reparação dos danos sofridos" (SCHREIBER, 2015, p. 78).
21. O autor cita alguns exemplos: "dano à integridade psicofísica, dano estético, dano à saúde" (SCHREIBER, 2015, p. 92) e avança registrando uma preocupação, no sentido de que "se, por um lado, revela maior sensibilidade dos tribunais à tutela de aspectos existenciais da personalidade, por outro, faz nascer, em toda parte, um certo temor – antevisto por Stefano Rodotà – de que *a multiplicação de novas figuras de dano venha a ter como únicos limites a criatividade do intérprete e a flexibilidade da jurisprudência*". A despeito dessa consideração, o autor estabelece diretrizes que elegem quais seriam os interesses juridicamente relevantes para merecer tutela, de forma a balizar os danos ressarcíveis (SCHREIBER, 2015, p. 96).

sociais, que dificilmente os problemas de hoje podem ser resolvidos (apenas) com as ferramentas de ontem".

Avança-se, destarte, com a maleável capacidade de ressignificação do instituto examinado, para além dos requisitos. Se a responsabilidade civil caminha para alcançar o objetivo de restabelecer o equilíbrio até com seus elementos intrínsecos, o que dirá de suas funções, cuja evolução deve seguir a adaptabilidade do instituto, mormente com os novos olhares.

3.3.1.1 Notas sobre as funções da responsabilidade civil

De fato, a defesa de inalterabilidade das funções da responsabilidade civil não se coaduna com sua capacidade de acompanhar as mudanças da sociedade e, por consequência, de conseguir se manter como remédio adequado para promover a harmonização social. A partir desse pressuposto, ou seja, de que a responsabilidade civil não tem funcionalidade estanque, deve-se perseguir o trilho em exame para incluir a remoção dos ganhos ilícitos – com coerência – no interno da responsabilidade civil, observando-se o que segue:

> O modelo jurídico da responsabilidade civil é por essência cambiante, extremamente sensível aos influxos econômicos e sociais. A sua trajetória não é linear, um caminho sem volta. A doutrina e a jurisprudência admitem revisitação de pontos de vistas contingencialmente superados quando os dados do mercado, dos avanços tecnológicos e, sobretudo, das aspirações éticas de uma determinada coletividade determinem uma reelaboração de determinada função da responsabilidade civil, porventura em estado letárgico. Na sociedade de riscos, um altivo papel do ordenamento jurídico consiste em induzir, de forma generalizada, comportamentos virtuosos, orientando potenciais ofensores a adotar medidas de segurança a evitar condutas danosas. Uma ode à virtude da "previdência" (olhar antes) (FARIAS; BRAGA NETTO; ROSENVALD, 2019, s/p).

Portanto, as funções da responsabilidade civil modificam-se e atualmente "agregam à função reparatória e compensatória as funções preventiva e dissuasória, e até mesmo a função punitiva. Tudo para garantir o acolhimento ressarcitório à vítima e ampliar a coesão social pela adequada gestão do risco" (MENEZES; LIMA; COSTA, 2019. p. 37), sem descurar da expressão de Sergio Cavalieri Filho (2010, p. 13), para quem "limitar a reparação é impor à vítima que suporte o resto dos prejuízos não indenizados".

A mencionada concepção pode ser complementada, tendo em vista que a limitação do quanto indenizatório pode significar manter o lesado em desvantagem, quando os ganhos ilícitos permanecem com o lesante. De toda sorte, a ampliação de funções da responsabilidade civil, frisamos, trata exatamente disto: ampliação. A responsabilidade civil não perde sua função reparatória, mas "se essa finalidade (dita função reparatória, ressarcitória ou indenizatória) é a primacial, a responsabilidade civil desempenha outras importantes funções, uma sancionatória (ou punitiva) e outra preventiva (ou dissuasora)" (NORONHA, 2013, s/p).

Não obstante essa afirmação de Fernando Noronha, a responsabilidade civil modifica seu eixo e encontra-o na prevenção. Sendo assim, "o que se deu à reparação de danos em termos de protagonismo nos últimos dois séculos, necessariamente, se concederá à prevenção daqui por diante" (FARIAS; BRAGA NETTO; ROSENVALD, 2019, s/p). De fato, novos olhares permitem reconhecer o cerne na prevenção, afinal, por esse ângulo:

> Sedimentam-se os princípios da prevenção e precaução à responsabilidade civil pelo ideal de risco, ou seja, surge uma bifurcação importante que decorre da junção teórica de ambos: de um lado o risco grave passa a ser considerado como um dano em si, apto a ensejar o dever de reparação; e de outro, a prevenção como decorrência lógica do caráter punitivo da indenização, mediante regulamentação difusa de condutas. O segundo aspecto acaba por ficar evidente a partir das digressões argumentativas despendidas no estudo. Por sua vez, o risco como dano em si se torna tutelável em razão de toda a mudança estrutural exposta: a extensão do conceito de dano, o próprio contexto histórico da evolução e caráter constitucional dos bens jurídicos envolvidos, além da solidariedade e alteridade hoje impregnada à responsabilidade civil. O STJ, inclusive, mostra a possibilidade de vermos o risco como um dano em si (Resp. 1.424.304/SP) (AMARAL; ARCAIN RICCETTO, 2017, p. 122).

Efetivamente, não se pode mais conceber a responsabilidade civil com função única, mormente na sociedade da informação, cabendo lembrar que a Lei Geral de Proteção de Dados Pessoais estabelece como princípio – no artigo 6º, inciso VIII – a prevenção, prescrevendo a "adoção de medidas para prevenir a ocorrência de danos em virtude do tratamento de dados pessoais".

A velocidade destes tempos não se coaduna com instituto estanque, mas com aquele que mantém a essência e amplia seus horizontes. A bem da verdade, a ampliação contribui significativamente para que a essência da responsabilidade civil seja preservada. Com a finalidade de verificar a multiplicidade funcional desse instituto, é importante proceder uma particularizada menção de suas funções[22].

3.3.1.1.1 Função reparatória

A função reparatória é a função clássica da responsabilidade civil, representada pela reparação do dano. Por meio dessa atribuição, o lesante é obrigado a promover o restabelecimento da vítima às condições anteriores à lesão e, na impossibilidade, compensá-la pelo prejuízo causado. Cumpre-se, portanto, a função reparatória com o ressarcimento do dano material e a compensação do dano imaterial.

---

22. Não se restringem as funções às, aqui, mencionadas. Todavia, as referidas são mais comumente abordadas pela literatura. Quanto a isso, é relevante, ainda, constar o seguinte: "no cerne da temática cabe ainda ressaltar que, sem a assimilação de uma faceta moralizadora da responsabilidade, efetivamente preocupada com o desenvolvimento e o bem-estar geral – notadamente pela satisfação dos direitos e garantias fundamentais –, muito provavelmente subsistirá penoso o implemento de respostas e soluções jurídicas suficientes ao real alcance de um sentimento coletivo de justiça, segurança e de realização ou desenvolvimento humano" (SILVA, R. I. C., 2020, p. 180).

Afirma-se, nessa seara, que tal reparação seria crucial à responsabilidade civil, que visa a "apagar o prejuízo econômico causado (indenização do dano patrimonial), minorar o sofrimento infligido (satisfação compensatória do dano moral puro) ou compensar pela ofensa à vida ou à integridade" (NORONHA, 2013, s/p)[23].

Ao investigar o dano moral no direito do consumidor, Héctor Valverde Santana (2009, p. 187-192) menciona a função de ressarcimento do dano patrimonial, pela qual se almeja retificar a diminuição patrimonial derivada da lesão para promover o retorno do lesado ao estado anterior ao dano. Já a compensatória seria exclusiva função do dano moral, revelada pela lesão, privação ou violação de direitos da personalidade. A respeito da matéria, cabe a seguinte ressalva:

> Todavia, a função reparatória não é imune a críticas. Nenhum ressarcimento, por mais que se assuma compensativo, poderá eliminar a perda produzida pelo ilícito. A responsabilidade não é capaz, em passe de mágica, de produzir o retorno a um passado ideal e repor ao lesado a situação anterior ao ilícito. A série de eventos desencadeada pelo comportamento ilícito é irreversível e o ressarcimento, quando muito, realizará uma alocação subjetiva de uma parte da riqueza monetária que transitará do ofensor ao ofendido. Neste sentido, o ressarcimento opera uma parcial compensação de caráter intersubjetivo [...]. Pode-se dizer que a tutela ressarcitória intervém para reparar consequências e efeitos de comportamentos ilícitos, mas não se afirma como instrumento de recomposição da ordem jurídica violada. O pagamento de uma quantia à vítima poderá reconstituir um valor material, mas não se preordena a tutelar o fundamento ético do ordenamento jurídico (FARIAS; ROSENVALD; BRAGA NETTO, 2015, p. 40).

A função reparatória – ressarcitóra, de danos patrimoniais e compensatória, de imateriais – pode ser identificada e justificada mais facilmente. Por isso, é dita clássica e até fundamental. Revela-se como a tentativa de pronta resposta ao lesado e, nesse aspecto, tem seu inegável mérito, restando difícil conceber responsabilidade civil sem essa função. Não acreditamos tratar-se de função única, mas reconhecemos a dificuldade de vislumbrar a responsabilidade civil sem a função reparatória, à qual se soma a punitiva.

3.3.1.1.2 Função punitiva

Ao contrário da reparatória, a função punitiva é alvo de grande inquietação nos tribunais e na literatura. Afinal, se a vítima já teve o dano reparado e compensado, questiona-se por que razão se deveria atribuir outra função à responsabilidade.

No entanto, Filipe Albuquerque Matos (2017, p. 47-48), examinando a compensação por danos extrapatrimoniais no Código Civil de Portugal[24], aduz que a vertente punitiva é inquestionável no que se refere à compensação de danos imateriais. O autor afirma que "a compensação dos danos não patrimoniais, vai proporcionar ao lesado

---

23. No mesmo sentido, Felipe Braga Netto (2019, p. 93).
24. Para o autor, não há compatibilidade do Código Português com a ressarcibilidade de danos (patrimoniais) punitivos, todavia vislumbra natureza punitiva na compensação de danos (extrapatrimoniais).

certa satisfação, havendo mesmo quem nesta sede considere que nos encontramos perante uma pena privada" em benefício do lesado.

Crítico da função punitiva, Fernando Noronha afirma que:

> Não há dúvida de que a maior ou menor censurabilidade da conduta do responsável tem alguns reflexos na obrigação de reparar os danos causados, aproximando algumas vezes a "indenização" de uma pena privada. Às vezes ela faz aumentar o quantitativo a ser pago, que reverte em benefício do ofendido, e outras vezes fá-lo reduzir, representando agora um menor sacrifício para o lesante. Há mesmo alguns danos em que uma natureza exclusivamente indenizatória da responsabilidade civil não seria suficiente para justificar a reparação (Noronha, 2013, s/p).

Da mesma forma, Maria Celina Bodin de Moraes (2017, p. 263) admite a função punitiva como exceção e acredita (2017, p. 217-227) que "a solução que se apresenta mais condizente com o instituto da pena privada, ou do caráter punitivo, na responsabilidade civil é normatizar" para aclarar e determinar com segurança qual seriam as situações a ensejar a punição.

De outro prisma, Felipe Braga Netto (2019, p. 94-104) realiza estudo de casos concretos e posicionamentos jurisprudenciais, bem como da literatura, e anota que, entre as maiores virtudes da responsabilidade civil, está o "seu caráter aberto e dinâmico" e é categórico:

> Cremos equivocado e potencialmente um passo atrás, em termos de prevenção e combate de danos injustos, afastar a função punitiva da responsabilidade civil. Os argumentos contra a função punitiva são esquemáticos, estruturais, pouco condizentes com um sistema jurídico-material aberto, flexível, dinâmico. O direito dos danos do século XXI, em nossa visão, estará melhor com a função punitiva da responsabilidade civil. Terá, com ela, relevante instrumental para concretizar a proteção à pessoa humana e as dimensões existenciais das relações jurídicas. Aliás, empiricamente, a análise dos julgados evidencia que a função punitiva é uma ferramenta de equidade e de proteção dos mais vulneráveis (BRAGA NETTO, 2019, p. 98).

De fato, como a jurisprudência é firme ao asseverar "a importância de punir o ofensor e coibir a repetição da conduta, tal função poderia ser mais bem alcançada mediante a condenação do ofensor ao pagamento de parcela autônoma" (MARINHO, 2018, p. 658). Já Caroline Vaz (2009, p. 170) vislumbra a função punitiva no sistema jurídico brasileiro com pertinência e compatibilidade.

Tal linha argumentativa sustenta-se no olhar não apenas para o caso, tampouco para a responsabilidade civil, mas para uma série de preceitos constitucionais, como os da tutela da dignidade da pessoa humana, da solidariedade social, da função social da propriedade, tudo em consonância com os princípios da operabilidade, socialidade e eticidade, tornando mais efetivo o desestímulo de práticas abusivas e condutas ilícitas.

Igualmente defensor da função punitiva, Nelson Rosenvald (2017, p. 340) afirma encontrar exigência – no campo dos direitos da personalidade – para ser estabelecida pena civil, dado que o Código Civil, em seu artigo 12, disciplina a admissibilidade tanto de fazer cessar ameaça e lesão a direito da personalidade, quanto de "reclamar perdas e danos, sem prejuízo de outras sanções previstas em lei". Aproveita-se o mesmo dispositivo legal citado, em sua primeira parte, para vislumbrar a função preventiva, já que impõe que se faça cessar – não apenas a lesão, mas também – a ameaça a direito da personalidade.

3.3.1.1.3 Função preventiva

Além de estar presente no artigo 12 do Código Civil, a função preventiva está constitucionalmente assegurada como direito fundamental, uma vez que o artigo 5º, inciso XXXV, da Constituição Federal estabelece que "a lei não excluirá da apreciação do Poder Judiciário lesão ou ameaça a direito".

Há, por assim dizer, imperativo legal e constitucional para que se proceda à prevenção de dano, o que se extrai – infraconstitucionalmente – da determinação de fazer cessar a ameaça de lesão a direito da personalidade (e, pois, ameaça de dano moral, que deve ser prevenido) e da Constituição, que estabelece o direito fundamental de garantir que o cidadão se socorra do Estado, em sua função jurisdicional, diante de "ameaça a direito".

Destarte, afastar a função preventiva da responsabilidade civil não parece adequado com o ordenamento jurídico. Ao contrário, eventual tentativa legal para coibir a presença de referida função seria inconstitucional. Em similar percurso, afirma-se que "a tutela mais adequada, e mais conforme à Constituição, é a tutela preventiva, que busca evitar que os danos ocorram ou continuem a ocorrer. A função preventiva, assume, portanto, neste século, fundamental importância" (BRAGA NETTO, 2019, p. 105).

Nelson Rosenvald (2017, p. 145), a seu turno, reconhece a função preventiva como anterior às demais funções, considerando, entretanto, a prevenção como princípio. Para o autor, "a prevenção detém inegável plasticidade e abertura semântica, consistindo em uma necessária consequência da incidência das três funções (reparatória, punitiva e precaucional)", sendo que a precaucional seria aquela com "o objetivo de inibir atividades potencialmente danosas".

Na Lei Geral de Proteção de Dados Pessoais, está positivado o princípio da prevenção (artigo 6º, inciso VIII: "adoção de medidas para prevenir a ocorrência de danos em virtude do tratamento de dados pessoais"), ao lado do princípio da responsabilização e prestação de contas (artigo 6º, inciso X: "demonstração, pelo agente, da adoção de medidas eficazes e capazes de comprovar a observância e o cumprimento das normas de proteção de dados pessoais e, inclusive, da eficácia dessas medidas"). Anote-se que, no mesmo sentido, o Código de Defesa do Consumidor estabelece como direito básico do consumidor a prevenção de danos (artigo 6º, inciso VI: "a efetiva prevenção e reparação de danos patrimoniais e morais, individuais, coletivos e difusos").

Assim, citados diplomas legais trazem textual previsão da prevenção de danos, o que nos leva a concluir que a função preventiva está presente em todo sistema jurídico brasileiro – nas relações de consumo e naquelas sobre as quais incide a LGPD. Dessa maneiora, a função preventiva decorre, mais do que de interpretação da responsabilidade civil, da positivação de seus dispositivos. Exatamente aqui, no aspecto preventivo, somado ao reparatório, é que se ofereceria guarida à responsabilidade civil pelo ilícito lucrativo:

> O remédio restituitório é *ultracompensatório* em seu sentido habitual, pois à reparação acresce a finalidade preventiva de ilícitos, mas não se confunde com uma sanção civil punitiva, por duas claras razões: a restituição do lucro ilícito não altera *in pejus* a consistência quantitativa do patrimônio do responsável, apenas se limita a remover o *plus valore* criado pela conduta antijurídica, restituindo o seu patrimônio à consistência originária; ademais, a verba que excede a indenização se destina ao patrimônio da vítima, não ao erário ou à coletividade. A vantagem patrimonial do lesante é apta a constituir um dano autônomo, pois é resultado de um fato ilícito causado por um comportamento antijurídico específico: o de se alimentar de uma utilidade alheia, apropriando-se o lesante de uma dimensão existencial inerente ao lesado, seja ela um atributo físico ou intelectual. Outrossim, a tutela restituitória prescinde da constatação do elemento subjetivo do dolo ou da culpa grave daquele que enriqueceu. Ao contrário da tutela punitiva, basta a prática do ilícito, aliada à regra moral do *tort must not pay*, ou seja, não se pode tolerar que o contrafator tire proveito do próprio ilícito. A técnica restituitória requer um fato turbativo de um equilíbrio justo e da perfeita equivalência entre a vantagem e a desvantagem que tal fato comporta nas esferas dos sujeitos envolvidos (ROSENVALD, 2017, p. 241-242).

Com o breve exame da responsabilidade civil, pode-se avançar no foco de incluir a restituição dos lucros ilícitos no interno desse instituto, com base em suas funções compensatória e preventiva. Começamos pelos empecilhos: a literatura jurídica reconhece a situação em que se verifica a presença do ilícito, bem como que dele adveio lucro ao infrator, porém sem dano, o que afasta a responsabilidade civil.

3.3.2 As possibilidades de inclusão da restituição dos lucros ilícitos na responsabilidade civil e a superação dos obstáculos ao pretenso enquadramento

Observa-se que o ilícito lucrativo não seria um instituto em si[25], tampouco pertenceria a um único instituto em que precisasse estar inserido exclusivamente para que venha a ser restituído. Dessa forma, quando presentes os pressupostos da responsabilidade civil e havendo ilícito lucrativo, o remédio a ser utilizado será a responsabilidade civil com a condenação da restituição do ilícito lucrativo. Todavia, na ausência de dano, não haveria pressuposto da responsabilidade civil e a pretensão poderia estar albergada na vedação ao enriquecimento sem causa.

---

25. "Ainda que uma visão apressada possa levar à conclusão de que se cuida de um instituto próprio, parece mais adequado apresentar o lucro da intervenção como um "problema", isto é, como desenho fático que se manifesta de maneira reiterada na sociedade, a ponto de justificar elaboração técnica específica para que seja disciplinado" (FAJNGOLD; SALGADO; GUERCHON, 2019, p. 166-167).

Diante da presença de pressupostos da responsabilidade civil, uma segunda barreira seria o princípio da reparação integral, pelo qual a indenização se mediria pela extensão do dano (artigo 944 do Código Civil). A exceção legal seria apenas para a redução do valor da indenização, não sendo autorizada a interpretação em sentido diverso. Todavia, Bruno Miragem (2015, s/p), ao tratar das novas funções da indenização, assevera:

> Essa espécie que a doutrina especializada identifica como espécie de indenização por equidade, em verdade, serve para reduzir o *quantum* quando houver desproporção entre culpa e dano. Entretanto, sua leitura atenta, de um lado, permite que se identifique aí situação restritiva de direito à indenização da vítima, inclusive com reflexos lesivos a direitos fundamentais da pessoa (personalidade e patrimônio). Por outro lado, admitir redução (valor aquém do dano) e não cogitar aumento (valor além do dano) são soluções, em si, desproporcionais, se considerada mesmo a dimensão reparatória ou compensatória do dano.

De fato, aceitar que apenas se poderia reduzir o valor da indenização seria admitir uma interpretação favorável ao agente causador do dano e, portanto, à prática do ilícito, em contrariedade ao Direito. Na outra via, aderindo a interpretação proporcional, estaria permitida a exceção de ampliar o valor da indenização em benefício do titular do direito lesado. Isso refletiria positivamente nos direitos fundamentais da pessoa (inclusive direitos fundamentais à proteção de dados, de promoção da defesa do consumidor e da privacidade) e, assim, estaria conforme o Direito, sobretudo o Direito Civil e os princípios da operabilidade, socialidade e eticidade. É o que defende Nelson Rosenvald:

> Este mesmo cuidado com a avaliação do comportamento do ofensor, no cotejo com modelos de comportamento ideais esperados pelo ordenamento, poderá resultar em uma aferição concreta quanto ao intencional proceder do agente – ou o seu absoluto desprezo pelas regras de cautela –, no exercício da atividade que desencadeou danos. É legítimo do ponto de vista constitucional que a medida da condenação supere o dano concretamente sofrido pela vítima (Rosenvald, 2017, p. 345).

A partir disso, pode-se dizer que almejar "a tutela integral da pessoa, com olhar não só para a tutela do dano, mas também para a tutela do ilícito, desincentivando práticas individualistas, egoístas e parasitárias e promovendo os valores constitucionais" leva a ressignificar o princípio da reparação integral. Afinal, manter esse princípio focado no dano marcaria o apego ao patrimônio, visão que não encontra guarida no ordenamento jurídico brasileiro desde a Constituição Federal de 1988 (PAVAN, 2020, p. 237).

Ademais, "o interesse em restabelecer o equilíbrio econômico-jurídico alterado pelo dano é a causa geradora da responsabilidade civil" (DIAS, 2011, p. 43). Assim, deve-se questionar a manutenção do resultado do ilícito lucrativo em posse do ofensor, cuja conduta estaria também mantendo um desequilíbrio justamente em favor do agente causador do ato ilícito, do responsável pela causação do dano, da violação a direitos alheios, da violação da confiança[26].

Noutras palavras, para que seja restabelecido equilíbrio econômico-jurídico, mostra-se adequada a remoção dos ganhos obtidos ilicitamente, devolvendo o agente causador do dano ao estado em que ele – lesante – estava antes do dano para, de fato, haver equilíbrio. Isso seria coerente, porque não parece equilibrado o caso de o agente causador do dano – tendo obtido ganhos indevidos – manter-se com o resultado do ilícito (ROSENVALD, 2017, p. 243).

O que não se pode admitir é o olhar estanque para um princípio da responsabilidade civil, utilizando-o na contramão da essência do próprio instituto. Se há autorização legal para alterar a indenização para aquém do dano em si, mormente diante de prejuízo de direitos patrimoniais e da personalidade, é razoável atribuir bilateralidade à exceção legal, haja vista o objetivo da majoração ser totalmente conforme o Direito, possibilitando a repressão do ilícito e não permitindo ao ofensor beneficiar-se da própria torpeza.

A verdade é que, quando a quantia da indenização não é majorada nesses termos, não há harmonização ou equilíbrio restabelecido. Admitir ao ofensor que se beneficie de sua torpeza (e fique com os resultados indevidos) não está de acordo com o Direito, pois não promove a pacificação social. A responsabilidade civil, portanto, é instituto a cumprir o intento de corrigir o indevido uso do Direito contra si mesmo, e pode, por conseguinte, ser o instrumento para buscar a restituição do ilícito lucrativo, sempre que preenchidos seus pressupostos.

Chama atenção, nesse ponto de vista, a presença da reponsabilidade civil em casos que geram lucros ilícitos, dada a verificação de conduta antijurídica, de dano e de nexo causal. Ana Cláudia Corrêa Zuin Mattos do Amaral defende que a caracterização da responsabilidade civil relaciona-se com a presença das partes, da seguinte forma:

> Disse o poeta que "o todo sem a parte não é o todo" tanto quanto "a parte sem o todo não é parte", concluindo, na brincadeira com as palavras, que "se a parte o faz todo, sendo parte, não se diga que é parte sendo todo". Assim também o é quanto ao instituto da responsabilidade civil. Sua caracterização como todo exige a presença das partes e sem as partes, não há de se falar no todo. Suas partes são aqui chamadas elementos ou requisitos (AMARAL, 2015, p. 48).

Presentes os elementos ou requisitos, está caracterizada a responsabilidade civil. A crítica que se verifica, na prática, é ao montante, à possibilidade de quantificação do dano alcançar os lucros ilícitos quando superiores ao prejuízo, enfrentando os limites da extensão desse dano. Isso levaria a responsabilidade civil a uma hipotética insuficiência nos casos em que o lucro obtido pelo ofensor com o ilícito superasse o

---

26. Ao tratar do tema, Nelson Rosenvald (2019, p. 88) afirma que o "remédio de restituição de ganhos é justificado como um meio de manter a integridade das relações de confiança".

dano do lesado. Tal questionamento pode ser visto tanto em estudos realizados por adeptos do lucro da intervenção no interno do enriquecimento sem causa[27], quanto naqueles que comungam com a internalização na responsabilidade civil.

Em suma, a questão cinge-se à quantificação do dano e à (im)possibilidade de incluir o ilícito lucrativo quando em montante além do prejuízo. Para responder a essa situação, não se pode centrar exclusivamente no princípio da reparação integral (que está enfrentado acima) ou apenas na indenização limitada pelo dano, ou seja, em um ou outro ponto isolado do instituto. Ao contrário, deve-se ter em mente o sistema em que está inserida a responsabilidade civil e de que forma as fontes legislativas dialogam, sob a orientação firme da Constituição Federal.

Destarte, não se afasta da apreciação do Judiciário a ameaça de direito, inclusive, a ameaça de dano. Há, inequivocamente, autorização constitucional para que a responsabilidade civil se estabeleça com função preventiva[28]. De outra sorte, não se pode perder de vista sua conexão com o "restabelecimento da harmonia social e de equilíbrio entre o lesante e o lesado" (AMARAL, 2015, p. 41).

Admitir que a responsabilidade civil não poderia incluir a remoção do lucro ilícito do lesante na quantificação – mantendo o lesante com o lucro obtido às custas de interferência não autorizada em direito do titular – é negar-lhe o reequilíbrio, é tolher-lhe a causa geradora, afastando-a do princípio da operabilidade[29].

É possível resolver esse impasse com o reconhecimento da função preventiva, sobretudo em relações de consumo (previsão legal no artigo 6º, inciso VI, do Código de Defesa do Consumidor) e em situações sob a incidência da Lei Geral de Proteção

---

27. Como é o caso de Sergio Savi (2012, p. 26), para quem "apesar da responsabilidade civil exercer também uma função preventiva, ao contrário do defendido por alguns doutrinadores modernos, entende-se que esta função preventiva decorre da própria imposição da obrigação de reparar integralmente o dano causado à vítima e *no limite do dano*. Ao ser obrigado a pagar a indenização, o ofensor sofre uma repressão do ordenamento jurídico, a qual *deveria* servir para dissuadi-lo da prática de atos semelhantes no futuro".
28. Vide tópico 3.3.1.1.3 acima.
29. Rememore-se que, pelo princípio da operabilidade, o direito deve ser executado, deve poder alcançar seu fim, ser realizável. "Ou seja, toda vez que tivemos de examinar uma norma jurídica, e havia divergência de caráter teórico sobre a natureza dessa norma ou sobre a convivência de ser enunciada de uma forma ou de outra, pensamos no ensinamento de Jhering, que diz que é da essência do Direito a sua realizabilidade: o Direito é feito para ser executado; Direito que não se executa – já dizia Jhering na sua imaginação criadora – é como chama que não aquece, luz que não ilumina, O Direito é feito para ser realizado; é para ser operado" (REALE, Miguel. Visão geral do projeto de Código Civil. Disponível em: http://www.miguelreale.com.br/artigos/vgpcc.htm). Ademais, pretendeu-se tornar o Código Civil "efetivo na medida em que possa solucionar os litígios do dia a dia com maior efetividade. Em outras palavras, pretendeu o legislador, ao adotar o princípio da operabilidade, tornar o Código Civil aplicável" (ESCANE, Fernanda Garcia. Os Princípios Norteadores do Código Civil de 2002. *Revista Eletrônica Direito, Justiça e Cidadania*. Disponível em: http://docs.uninove.br/arte/fac/publicacoes/pdf/v4-n1-2013/Fernanda_Escane2.pdf), a fim de que as suas normas "possam ser aplicadas concretamente em benefício da coletividade, e não apenas, tal qual um quadro de Salvador Dali, distorcer o concreto em surreal, servindo apenas para discursos políticos e discussões acadêmicas" (CATALAN, Marcos Jorge. Negócio jurídico: uma releitura à luz dos princípios constitucionais. *Scientia Iuris*. Disponível em: http://www.uel.br/revistas/uel/index.php/iuris/article/view/11142/9870).

de Dados Pessoais (princípios expressos a determinar a prevenção, a responsabilizar e a prestar contas).

Acrescente-se que a literatura jurídica aponta a presença de lacuna no caso do ilícito lucrativo. Norberto Bobbio (1996, p. 151) destaca que a analogia é "o procedimento pelo qual se atribui a um caso não regulamentado a mesma disciplina que a um caso regulamentado semelhante", pelo que se justifica a propensão de dado ordenamento jurídico movimentar-se para além do expressamente normatizado.

Para os fins da presente investigação, se há norma para que os lucros ilícitos sejam base para indenizar o titular do direito em ação de responsabilidade civil, tal qual a Lei de Propriedade Industrial[30], seria possível, por analogia, em caso não regulamentado semelhante, a transferência dos lucros ilícitos do ofensor ao lesado. Contudo, a referida lei padece da melhor técnica ao incluir – de forma equivocada – a possibilidade de remoção dos benefícios como opção de *lucros cessantes*.

Noutro aspecto, Nelson Rosenvald (2019, p. 263-264) defende um tratamento para a responsabilidade civil sob a ótica dos remédios, já que entende que essa visão identifica-se com a pretensão de enquadramento dos lucros ilícitos no interno da responsabilidade civil, afirmando que "remédio restitutório é o meio pelo qual o titular do direito realiza o seu direito à restituição".

Registra-se que o debate encontra-se em estágio incipiente. No Superior Tribunal de Justiça tem como resultado de pesquisa jurisprudencial, com o critério de busca "lucro da intervenção", um único acórdão e duas decisões monocráticas. Quando se pergunta sobre "ilícito lucrativo", depara-se com trinta e sete decisões monocráticas e nenhum acórdão. As decisões verificadas não estabelecem a remoção de ganhos indevidos, padecendo de rigor técnico[31], sendo utilizada a expressão "ilícito lucrativo" para majorar valores de condenação dos ofensores.

De todo modo, há fundamentos para que o problema seja solucionado por meio do remédio da responsabilidade civil, especialmente na LGPD (conforme se pretende demonstrar), na qual não haveria disposição de direitos. O fato é que a Lei enuncia remédios destinados à proteção "de direitos tradicionalmente reconhecidos pelo ordenamento brasileiro, em especial, a privacidade, – os quais, como visto, voltam-se não apenas a sanar violações como, igualmente, a prevenir lesões e viabilizar o próprio exercício do direito" (SOUZA; SILVA, 2019, p. 1).

---

30. "Art. 210. Os lucros cessantes serão determinados pelo critério mais favorável ao prejudicado, dentre os seguintes: I – os benefícios que o prejudicado teria auferido se a violação não tivesse ocorrido; ou II – *os benefícios que foram auferidos pelo autor da violação do direito*; ou III – a remuneração que o autor da violação teria pago ao titular do direito violado pela concessão de uma licença que lhe permitisse legalmente explorar o bem" (grifos nossos). Disponível em: http://www.planalto.gov.br/ccivil_03/leis/l9279.htm.
31. Adiante, quando se examinará a responsabilidade civil pelo ilícito lucrativo na LGPD, serão abordadas percepções desses julgados.

Nesse contexto, é preciso "compreender remédio como todo instrumento idôneo a efetivar um interesse, na constante busca pela efetividade e adequação da tutela das situações juridicamente relevantes" (SILVA, 2019, p. 266).

Em suma, a responsabilidade civil, preenchidos seus pressupostos e observada a presença de proveitos indevidos ao transgressor em importe além do dano, é o remédio a ser utilizado para emblemática situação. Primeiro, suas partes (seus pressupostos) estão presentes, portanto o todo igualmente está.

Segundo, a lei infraconstitucional autoriza resposta ao dano em soma diversa do prejuízo, desde que se atente à proporcionalidade e ao escopo do instituto: equilíbrio e harmonização. Esses elementos estão presentes quando se reprime o ilícito e protege-se o lícito, ressignificando o princípio da reparação integral em coerência com o ordenamento jurídico (notadamente a Constituição Federal, que determina a apreciação pelo Judiciário de ameaça de lesão).

Em terceiro lugar, as funções da responsabilidade, sobretudo a reparatória em consonância com a preventiva, contribuem nesse desiderato de remover o ganho ilícito, desestimulando o infrator.

Por derradeiro, deve-se olhar para o instituto sob a ótica dos remédios, isto é, instrumentos de tutela de direitos e interesses jurídicos. Esse caminho, de fato, parece oportuno quando se investiga responsabilidade civil na Lei Geral de Proteção de Dados Pessoais, que enuncia remédios a serem utilizados para eventuais violações normativas, entre os quais a responsabilidade civil pelo ilícito lucrativo, na forma de indenização restitutória.

4
A OPERABILIDADE DO DIÁLOGO DAS PRETENSÕES RESTITUTÓRIAS DOS LUCROS ILÍCITOS COM A RESPONSABILIDADE CIVIL POR VIOLAÇÃO DE DADOS PESSOAIS

A Lei 13.709/2018 protege e cria mecanismos para salvaguardar as informações das pessoas naturais. Trata-se de desafiador papel para cumprir, eis que acolhe intangíveis direitos fundamentais e da personalidade. De fato, eventuais práticas de violação desses direitos e interesses podem passar despercebidas pelos lesados. Em enfrentamento a essa situação, o princípio da responsabilização e da prestação de contas, ladeado com dispositivos da Lei, pode e deve permitir a observância de outro princípio da Lei: a transparência.

Dessa maneira, almeja-se tornar palpável e possível o abrigo dos direitos e interesses em face de lesões, como aquela presente no tratamento com finalidade diversa da consentida ou no ilícito compartilhamento de dados pessoais. Tal caminho é necessário à prevenção e ao confronto de violações, a ponto de não mais permitir que os ganhos derivados desse uso antijurídico fiquem com o ofensor.

Assim, uma eventual ação judicial que reconheça a presença de danos aos direitos da personalidade do titular dos dados e, de outra sorte, que não identifique situações que eximam a responsabilidade do agente de tratamento de dados, deve acarretar em *indenização*. Os danos patrimoniais e extrapatrimoniais devem ser reconhecidos e o agente, condenado. Destarte, é preciso investigar o cabimento da restituição de ilícitos lucrativos nas violações à proteção de dados. Antes, todavia, deve-se situar a responsabilidade civil na Lei Geral de Proteção de Dados Pessoais.

4.1 UM PASSO ATRÁS: RESPONSABILIDADE CIVIL NA LGPD

Assunto polêmico (também) na Lei Geral de Proteção de Dados Pessoais é a responsabilidade civil por essa lei inaugurada. Conforme se verá, há tanto quem entenda que se trata de responsabilidade civil subjetiva quanto objetiva. Todavia, não é essa a única controvérsia. Os debates já estão estabelecidos no sentido de questionar se haveria um único regime de responsabilidade civil ou, por outro lado, se teria pluralidade de regimes.

Ponderamos, inicialmente, que a Lei Geral não atribui responsabilização mediante verificação de culpa, tampouco estaria presente independentemente do elemento subjetivo. Apesar de parte da literatura procurar por enquadramento em objetiva ou subjetiva, a Lei não se resumiu à dicotomia.

A literatura jurídica, assim, investiga se a Lei Geral de Proteção de Dados Pessoais inovou ao estabelecer o que seria um novo regime de responsabilidade civil, dito proativo (BODIN DE MORAES, 2019, p. 5), ou "uma nova e especial forma de responsabilidade civil objetiva, centrada na garantia da segurança no tratamento de dados pessoais" (DRESCH, 2020, s/p).

Apresentado o desafio, situa-se a Lei 13.709/2018, que posicionou a responsabilidade civil na Seção III, encerrando o Capítulo VI[1] com quatro artigos. A começar pelo último deles, o artigo 45[2], estipula-se que, quando houver violações de direitos do titular no âmbito de relações de consumo, aplica-se o Código de Defesa do Consumidor. Dessa forma, o que poderia ser uma antinomia resolve-se já no interno da Lei.

A propósito, reporta-se à anotação de Tarcisio Teixeira e Ruth Maria Guerreiro da Fonseca Armelin (2020, p. 127-128), segundo os quais o "direito à reparação de danos por utilização indevida de dados pessoais já era previsto no Código de Defesa do Consumidor (artigo 43)". Esses autores apresentam, ainda, decisão judicial prolatada pelo Tribunal de Justiça do Distrito Federal e Territórios, em 2009, na qual se consignou que o dano moral se configura por utilização indevida de dados pessoais[3].

Tais observações, atinentes à responsabilidade civil por violação de dados de consumidores, com a incidência do Código de Defesa do Consumidor, asseguram a presença de mais de um regime de responsabilidade civil (sem mencionar a aqui

---

1. O Capítulo VI – Dos agentes de tratamento de dados pessoais – trata, na Seção I, do controlador e do operador (também considerados agentes de tratamento no artigo 5º, inciso IX, referente aos conceitos da Lei), e, na Seção II, do encarregado, cujo conceito não está no enquadramento de agente de tratamento, já que é considerado (artigo 5º, inciso VIII) como "pessoa indicada pelo controlador e operador para atuar como canal de comunicação entre o controlador, os titulares dos dados e a Autoridade Nacional de Proteção de Dados (ANPD)". Todavia, é especificamente referido na Seção II do Capítulo sob exame.
2. "Art. 45. As hipóteses de violação do direito do titular no âmbito das relações de consumo permanecem sujeitas às regras de responsabilidade previstas na legislação pertinente".
3. "Utilização indevida dos dados pessoais do autor por terceiros. Código de Defesa do consumidor. Responsabilidade objetiva. Defeito na prestação dos serviços. Dano moral configurado. Quantum indenizatório. Redução. Restituição em dobro. Impossibilidade. A Instituição Financeira assume os riscos inerentes à atividade que exerce, agindo com negligência quando não há a devida conferência das informações que lhe são fornecidas, a fim de lastrear maior segurança à negociação levada a efeito. Para a regular efetivação de empréstimos por telefone, é obrigação do Banco, antes de liberar o valor, identificar, com prudente certeza, a pessoa com que contrata. – Se a Instituição Financeira não percorre todas as cautelas condizentes ao zelo e resguardo para com o direito de seus clientes, de forma a coibir possível fraude de terceiro, deve responder pelos prejuízos causados. (Acórdão 347162, 20050710215448APC, Relator: Otávio Augusto, Revisor: José Divino, 6ª Turma Cível, data de julgamento: 04.03.2009, publicado no DJE: 18.03.2009. p. 120).

não estudada responsabilidade civil do Estado, tendo em vista que a Lei se refere ao tratamento de dados pessoais também pelo Poder Público).

É prudente observar, também, que embora a Lei Geral mencione "no âmbito das relações de consumo", acreditamos na aplicação dela igualmente a situações jurídicas de consumo. O sentido disso está na figura do consumidor por equiparação, prevista no CDC, como é o caso das vítimas de acidentes de consumo, que se dá por falha de dever de segurança de fornecedores. Esse, pelo estatuído na LGPD, poderá ser exatamente o caso de violação de dados pessoais, ou seja, a falha de segurança ocasionará violação desses dados pessoais, ainda que não presente relação jurídica de consumo estabelecida previamente ao dano.

Podemos asseverar, por conseguinte, que eventuais vazamentos de dados por fornecedores poderão representar um acidente de consumo e, assim, ensejar a incidência dialógica de diplomas legais, ainda que ausente relação de consumo, uma vez que as vítimas do evento danoso equiparam-se a consumidor (artigo 17 do Código de Defesa do Consumidor). Tal posição é reforçada pela previsão do artigo 64 da Lei Geral de Proteção de Dados Pessoais. Sem fazer essas menções, todavia com a mesma conclusão, tem-se o seguinte: quando o titular de dados for consumidor, devem ser aplicadas as normas consumeristas de responsabilização do agente como fornecedor (TEIXEIRA; ARMELIN, 2020, p. 132).

Igualmente, pode-se ver mais de um regime jurídico quando se atenta ao potencial lesivo do encarregado (artigo 5º, inciso VIII). Mesmo atuando na comunicação, não lhe foi atribuída responsabilidade civil pela Lei Geral de Proteção de Dados Pessoais. "Com efeito, só podem ser obrigados a reparar esse dano dito 'de violação da privacidade' dois protagonistas da lei: os controladores e os operadores, que respondem solidariamente" (BODIN DE MORAES; QUINELATO, 2019, p. 126).

Quando o encarregado for o elo em uma relação de consumo, a situação estará resolvida e será aplicado o Código de Defesa do Consumidor[4]. Entretanto, tratando-se de uma relação não consumerista, não estaria o encarregado com a disciplina da responsabilidade civil sobre seus ombros. Nesse caso, a aparente lacuna deverá ser preenchida pelo Código Civil[5].

Rememore-se que a Lei 13.709/2018 estabelece que as normas ali insertas não excluem, mas convivem harmonicamente com outras disposições e, como já visto, esse diálogo das fontes deve ser sempre orientado pela Constituição Federal. Além dessas situações, a Lei estabeleceu responsabilidade civil nos artigos 42 a 44, em semelhança com dispositivos do Código de Defesa do Consumidor[6]. Instalada a

---

4. Vale lembrar que o CDC estabelece solidariedade entre os ofensores, inclusive quando o dano é causado por preposto ou representante autônomo, nos termos de seu artigo 34.
5. Reiteramos que o recorte deste estudo concentra-se nas relações que não aquelas tocantes ao tratamento de dados pelo Poder Público.
6. Nesse sentido, posicionam-se Laura Schertel Mendes e Danilo Doneda (2018, p. 471).

matéria, inicia-se a inquirição da natureza da responsabilidade civil na Lei Geral de Proteção de Dados Pessoais.

4.1.1 Enfrentamentos de reflexões que conduziriam à responsabilidade civil subjetiva

A despeito de a Lei Geral de Proteção de Dados Pessoais referir-se a risco em variadas passagens, inclusive no artigo 44[7] – o qual insere o risco razoavelmente esperado entre relevantes circunstâncias que indicam irregularidade do tratamento –, parte da literatura tem se posicionado no sentido de que seria responsabilidade civil subjetiva. É verdade, anote-se, que a Lei padece de clareza no tema.

Para Gisela Sampaio da Cruz Guedes e Rose Melo Vencelau Meireles (2020, s/p), não faria sentido o regime da responsabilidade civil independer de culpa, haja vista que, para as autoras, a Lei Geral de Proteção de Dados Pessoais[8] estabelece a responsabilidade no caso de descumprimento de deveres e de desvio de padrão de conduta. Isso, segundo afirmam, afastaria a responsabilidade objetiva.

Entendem, ainda, as autoras que o inciso II do artigo 43 da Lei Geral[9] não teria equivalência no Código de Defesa do Consumidor (artigo 12, § 3°, inciso II). No CDC, o fornecedor que colocou o produto no mercado de consumo só não é responsabilizado se o defeito inexistir, ao passo que, na LGPD, o agente, tendo realizado o tratamento de dados, somente não é responsabilizado na ausência de violação à Lei.

Ao contrário, entretanto, vislumbra-se inequívoca semelhança entre as redações do Código de Defesa do Consumidor e da Lei Geral de Proteção de Dados Pessoais, considerando que o defeito é a causa do ilícito a ensejar responsabilidade civil no Código, enquanto a violação da proteção de dados ou o tratamento irregular representa o mesmo para a Lei. Por sinal, as aludidas autoras reconhecem a semelhança do artigo 43 citado com o artigo 12, § 3° do Código de Defesa do Consumidor, à exceção justamente do inciso II. Prosseguem a reflexão, para fundamentar sua tese, acentuando o seguinte:

> Segundo o art. 6°, inciso X, da LGPD, os agentes deverão demostrar a "adoção de medidas eficazes e capazes de comprovar a observância e o cumprimento das normas de proteção de

---

7. "Art. 44. O tratamento de dados pessoais será irregular quando deixar de observar a legislação ou quando não fornecer a segurança que o titular dele pode esperar, consideradas as circunstâncias relevantes, entre as quais: I – o modo pelo qual é realizado; II – o resultado e os riscos que razoavelmente dele se esperam; III – as técnicas de tratamento de dados pessoais disponíveis à época em que foi realizado".
8. "Art. 43. Os agentes de tratamento só não serão responsabilizados quando provarem:
I – que não realizaram o tratamento de dados pessoais que lhes é atribuído; II – que, embora tenham realizado o tratamento de dados pessoais que lhes é atribuído, não houve violação à legislação de proteção de dados; ou III – que o dano é decorrente de culpa exclusiva do titular dos dados ou de terceiro".
9. CDC: "Art. 12. [...] § 3° O fabricante, o construtor, o produtor ou importador só não será responsabilizado quando provar: I – que não colocou o produto no mercado; II – que, embora haja colocado o produto no mercado, o defeito inexiste; III – a culpa exclusiva do consumidor ou de terceiro".

dados pessoais e, inclusive, da eficácia dessas medidas". Do ponto de vista do controlador, do que adianta "prestar contas", se, ao final, se houver incidente, por mais diligente que tenha sido, ele será responsabilizado da mesma forma e independentemente de culpa? Ao criar verdadeiro *standard* de conduta, a LGPD se aproximou mais do regime de responsabilidade fundado na culpa [...]. A culpa passou a ser analisada a partir da ideia de desvio de conduta, que leva em conta apenas o comportamento exigível diante das especiais circunstâncias do caso concreto (GUEDES; MEIRELES, 2020, s/p).

As autoras parecem seguir o raciocínio, adaptadas às realidades de cada situação investigada, de Sergio Cavalieri Filho (2010, p. 40-41) quando trabalha primeiro a culpa presumida e depois a culpa contra a legalidade. Em relação à primeira, cuja presunção seria relativa, o autor exemplifica o dano causado por animal, tendo o dono que demonstrar a ausência de falta com os deveres de vigilância e guarda[10] sob pena de ser obrigado a indenizar. Noutra via, a culpa contra a legalidade estaria presente "quando o dever violado resulta de texto expresso de lei ou regulamento, como ocorre, por exemplo, com o dever de obediência aos regulamentos de trânsito de veículos motorizados".

Em contraposição direta à posição defendida pelas autoras, Guilherme Magalhães Martins e José Luiz de Moura Faleiros Júnior (2020, p. 286-287) enfatizam que as bases da atribuição desses deveres decorrem da "complexidade técnica dos processos algorítmicos (que não podem ser singelamente equiparados a outras atividades geradoras de riscos)" e da "introdução do *compliance* digital no panorama normativo da lei", cujo desenho (com planos de deveres, regras de conduta e conformidades) deve se encontrar em congruência com a lei. Ou seja, a lei estabelece diretrizes de conformidades, deveres e regras de conduta e a violação àquilo que a lei disciplina leva à imputação e não a culpa.

Acrescente-se que a apresentada culpa como desvio de conduta pode ser enfrentada em paralelo com a boa-fé, porque, entre as funções da boa-fé objetiva, estão a de estabelecer padrão de conduta e a de impor limites ao exercício de direitos, mormente pela consideração de que, ao ultrapassar o limite, ocorre abuso de direito[11].

Por sua vez, "a concepção adotada em relação ao abuso de direito é objetiva, pois não é necessária a consciência de se excederem, com o seu exercício, os limites

---

10. Em sentido contrário, utiliza-se o mesmo exemplo (entre outros) para apontar responsabilidade civil objetiva. "Nesses casos, o fato de ocupar a posição jurídica prevista em lei é suficiente para a imputação do dever de indenizar, admitindo-se, no primeiro caso, a exclusão do dever apenas em razão do rompimento do nexo causal" (MIRAGEM, 2015, s/p).
11. "A mi juicio, no cabe la menor duda de que entre el abuso del derecho y el fraude de la ley existe por lo menos un elemento común que es la desviación que se trata de conseguir respecto de las líneas marcadas por el ordenamiento jurídico. Haciendo completa abstracción de los elementos intencionales, de los que, tanto una como otra institución pudieran aparecer cargadas en um primer momento, la característica común de ellas en el momento actual parece estribar en el repudio o el rechazo de la obtención o del intento de obtención de un resultado contrario al ordenamiento jurídico positivo, que busca, sin embargo, su apoyo o su cobertura en el propio ordenamiento" (DÍEZ-PICAZO, 1992, p. 13). Mudando o que precisa ser mudado, pensa-se que esse trecho adapta-se ao exame pretendido, pois verifica-se liame entre abuso de direito e violação à lei.

impostos pela boa-fé" (CAVALIERI FILHO, 2010, p. 161), nos termos, inclusive, do Enunciado 37[12] da I Jornada de Direito Civil, pelo qual "a responsabilidade civil decorrente do abuso de direito independe de culpa e fundamenta-se somente no critério objetivo-finalístico"[13].

Esse raciocínio é utilizado por Bruno Miragem (2005, p. 433 e ss) em construção acerca do abuso de direito, para atestar a ilicitude objetiva em consonância com o direito contemporâneo, com atuação para limitar o exercício do direito subjetivo, independentemente de culpa, pela boa-fé, pelos bons costumes, bem como pela finalidade econômica e social.

Em sua análise, Felipe Braga Netto (2019, p. 149) – que denomina abuso de direito de ilícito funcional[14] – aduz que a teoria objetiva finalista foi acolhida no Código Civil pelo artigo 187, tendo em vista que o abuso está no desvio da função social ou da finalidade do direito, e assevera:

> O ilícito funcional – que abrange ações e omissões, liberdades, faculdades, situações jurídicas em geral – decorre de uma conduta que, apesar de assegurada pelo sistema, foi exercida de modo desarrazoado, ostentando caracteres abusivos (verifica-se não apenas a infração à legalidade estrita de uma regra, mas a normatividade generosa dos princípios e a legitimidade em geral).

Na questão em discussão, o agente pode realizar o tratamento dos dados. Para ter esse direito, deve estar amparado em uma das hipóteses legais que autorizam o tratamento (ou, ainda, tratar-se de caso de dispensa de consentimento), o qual deve atender aos princípios e regras estabelecidos pela Lei Geral de Proteção de Dados Pessoais.

---

12. Disponível em: https://www.cjf.jus.br/enunciados/enunciado/698.
13. No mesmo sentido, ao enxergar no abuso de direito uma cláusula geral de responsabilidade objetiva, Aline Virgínia Medeiros Nelson e Sérgio Alexandre de Moraes Braga Junior (2013) afirmam que, "no que concerne ao atual Código Civil, é possível verificar duas cláusulas gerais de responsabilidade objetiva. A primeira está no caput do artigo 927, conjugada com o artigo 187 e diz respeito ao abuso de direito; e a segunda está no parágrafo único do artigo 927 e diz respeito à teoria do risco criado". Sergio Cavalieri Filho (2003), por seu turno, é enfático: "o que fez o novo Código? Não há dúvida: adotou a teoria objetiva com relação ao abuso do direito. Não há, no art. 187, a menor referência à intencionalidade, ao fim de causar dano a alguém; basta que se exerça o direito ultrapassando os limites ali estabelecidos. Mesmo que o excesso tenha sido puramente objetivo, não haverá nenhuma influência para descaracterizar o abuso do direito. Todos os autores estão se manifestando no sentido de que temos no art. 187 um conceito objetivo de ato ilícito (ato ilícito em sentido lato), que serve de embasamento para o abuso do direito. A primeira cláusula geral de responsabilidade objetiva, portanto, está no art. 187, combinado com o art. 927. Aquele que, no exercício de um direito subjetivo, ultrapassar os limites que estão ali previstos e causar dano a outrem, terá que indenizar independentemente de culpa". Em sentido contrário, criticam o Enunciado Guilherme Henrique Lima Reinig e Daniel Amaral Carnaúba (2016).
14. O autor (BRAGA NETTO, 2019, p. 147-148) denomina de ilícito funcional o "ilícito que surge do exercício dos direitos. Não haveria, aqui, a princípio, contrariedade ao direito, porquanto o ato não figura entre aqueles vedados pelo ordenamento. A contrariedade surge quando há uma distorção funcional, ou seja, o direito é exercido de maneira desconforme com os padrões aceitos como razoáveis para a utilização de uma faculdade jurídica (a teoria do abuso de direito permite vislumbrar uma via intermediária entre o permitido e o proibido, trazendo maior fluidez conceitual para o ilícito civil, o que é positivo)".

Acredita-se, nesse cenário, que o inciso II do artigo 43, ao contrário do defendido por Gisela Sampaio da Cruz Guedes e Rose Melo Vencelau Meireles (2020, s/p), traz a exigência de um tratamento de dados conforme a Lei, sem desvios funcionais, de acordo com padrões reconhecidos como adequados. A partir dessa conjuntura, os agentes não devem ser responsabilizados se agirem sem a prática de abuso de direito. Sendo assim, os argumentos das autoras servem, a contrário senso, não para justificar a responsabilidade subjetiva, mas para contribuir com a percepção de que se trata de responsabilidade objetiva.

Nesse seguimento, António Menezes Cordeiro registra sua posição sobre o Regulamento Geral de Proteção de Dados, cujo artigo 82º, número 3, dispõe que "o responsável pelo tratamento ou o subcontratante fica isento de responsabilidade nos termos do n. 2, se provar que não é de modo algum responsável pelo evento que deu origem aos danos". Para o autor (2019, p. 61-62), "da mesma forma que a presunção prevista no artigo 799º/1 do CC não consubstancia apenas uma presunção de culpa, também o alcance do artigo 82º/3 não se circunscreve a esse universo". E conclui, aludindo que não será tarefa fácil ao lesado "provar o preenchimento dos três requisitos da responsabilidade civil – ilicitude, dano e nexo de causalidade" (CORDEIRO, 2019, p. 64).

Entretanto, é oportuno afirmar que mesmo a prova dos três requisitos poderá ser abrandada. Percebe-se que a Lei Geral – a exemplo do Regulamento europeu – acaba por estabelecer uma inversão do ônus da prova além daquela a cargo do juiz, qual seja, a declarada pela própria norma. A rigor, quando a lei estabelece que o agente de tratamento[15] somente não será responsabilizado se ele próprio provar a presença de uma das situações mencionadas na norma, dispõe sobre inversão do ônus decorrente da própria lei[16].

Ainda sem embargo da noção de culpa posta por Gisela Sampaio da Cruz Guedes e Rose Melo Vencelau Meireles (2020, s/p), faz-se prudente o regresso a 1939, quando Alvino Lima[17] (p. 207-208) proferiu lição inaugural na solenidade de abertura dos cursos jurídicos da Universidade de São Paulo.

---

15. Assim denominado no Brasil, ao passo que no Regulamento europeu seria o *responsável pelo tratamento*.
16. Aqui, a semelhança com o CDC também se faz presente. Veja-se que, ao comentar a inversão do ônus da prova – direito básico do consumidor previsto no CDC, artigo 6º, inciso VIII – Claudia Lima Marques (2013, p. 292) assevera que "além desta possibilidade de inversão do ônus da prova a critério do juiz, o CDC inverte *ex vi lege* a prova em vários outros artigos, como, por exemplo, nos arts. 12, § 3º, e 14, § 3º". No mesmo sentido, afirma-se que "o Código de Defesa do Consumidor, destarte, rompendo dogmas e estabelecendo novos paradigmas para as relações entre desiguais, fê-lo, também, no que se refere à carga provatória, ora transferindo o ônus da prova ao fornecedor (inversão *ope legis*), do que nos dão exemplos os arts. 12, § 3º, 14, § 3º e 38, ora admitindo que tal se opere por determinação do julgador (inversão *ope judicis*), conforme art. 6º, VIII" (CAVALIERI FILHO, 2011 p. 107). Entretanto, em relação à inversão chamada de *ope judicis*, não fica a critério do juiz a concessão ou não da inversão. O que se está a critério do juiz é a presença de um dos dois requisitos alternativos (verossimilhança ou hipossuficiência). Uma vez presente um requisito, a inversão deve ser decretada pelo magistrado.
17. É válido ler o texto de 1939, em que, às vésperas da Segunda Guerra Mundial, Alvino Lima (p. 207-208) menciona a socialização do direito e, com ela, a insuficiência da responsabilidade com culpa, a emergir o

Na ocasião, após afirmar que, sem culpa, não haveria responsabilidade, o mencionado autor sustentou que a culpa já não bastaria para a manutenção do equilíbrio de direitos no mundo moderno, a impor atividade "febril", uma vez que grandes empresas estariam criando (frisamos, em 1939) para o empregado o que seria "uma fonte assustadora de lesões de direitos e redundando para o patrão em uma fonte de riqueza", o que faria surgir "a ideia de que o risco, como elemento na organização econômica, deve ser suportado pelo seu criador".

Noutro estudo, Alvino Lima (1998, p. 116) pondera que tanto dano quanto reparação devem ser aferidos, não por medida de culpabilidade, mas, "do fato causador da lesão de um bem jurídico, a fim de se manterem incólumes os interesses em jogo, cujo desequilíbrio é manifesto, se ficarmos dentro dos estreitos limites de uma responsabilidade subjetiva". É o que a Lei Geral de Proteção de Dados Pessoais estabelece: reponsabilidade ao lesante.

Para também fundamentar a presença de necessidade de culpa, Carlos Nelson Konder e Marco Antônio de Almeida Lima (2020, p. 423-425) entendem que o regime adotado seria da responsabilidade civil subjetiva, porém com base em outra linha argumentativa sobre a qual se deve refletir. Entendem os autores que, como a Lei Geral de Proteção de Dados Pessoais reservara dispositivo específico (artigo 45) para a incidência do Código de Defesa do Consumidor em que a responsabilidade civil é objetiva, às relações de consumo estaria reservado tal regime de responsabilidade.

No tocante às situações sem incidência do referido Código, a responsabilidade seria subjetiva. Para chegar a essa conclusão, os citados autores acreditam que não estaria a Lei Geral de Proteção de Dados Pessoais criando um novo microssistema (o que, em si, não poderia ser aceito no ordenamento por sua unidade), e, de outro lado, que se aplicaria também a relações sem vulnerabilidade.

Combatemos tais argumentos, uma vez que o tratamento de dados em si gera assimetria de informações e de poder, ou seja, o titular de dados e as demais pessoas expostas aos riscos das atividades de tratamento são vulneráveis em relação aos agentes, sendo difícil visualizar situação em que não haja referida assimetria[18].

---

risco proveito, nos seguintes termos: "ainda no terreno do direito das obrigações e como expressão talvez mais acentuada do movimento socializador do direito, encontramos na responsabilidade extracontratual as mais graves restrições à concepção individualista do direito. A responsabilidade extracontratual, decorrente do dolo ou culpa, é a consagração do princípio da liberdade, da autonomia da vontade. Sem ação dolosa ou culposa, imputável ao agente, não há responsabilidade; o elemento subjetivo é primacial para a fixação desta responsabilidade. 'A ideia de culpa subjetiva repousa sobre uma base individualista de segurança estática', ensina-nos Demogue. Mas a multiplicidade de causas determinantes dos danos, ante a febril atividade do mundo moderno, demonstrou que a culpa por si só não bastaria para manter o equilíbrio dos direitos, a segurança pessoal de cada um. As grandes empresas, criando para o operário uma fonte assustadora de lesões de direitos e redundando para o patrão em uma fonte de riqueza, fazem surgir a ideia de que o risco, como elemento na organização econômica, deve ser suportado pelo seu criador".

18. O que pode ser visto no tópico 2.5.1, em que se trouxe a questão, inclusive, da vulnerabilidade agravada, na qual há soma de vulnerabilidades, a do CDC e da LGPD (BIONI, 2019, p. 165).

Noutra via, inicia-se sim um novo microssistema[19], que se caracteriza justamente pela transversalidade de áreas do Direito. No que atine ao microssistema, as afirmações de Ricardo Lorenzetti (2009, p. 44), quando investigava o fenômeno da descodificação, trazem luz ao tema:

> O Código, concebido como totalidade, enfrenta o surgimento dos microssistemas, caracterizados por normas com grande grau de autonomia, já que se apresentam fontes próprias, suas leis, regulamentos, interpretação, congressos científicos, com uma especificidade que se acentua até se constituírem como subsistemas regulados. Em alguns casos trata-se de normas gerais fracionadas gradualmente, até se afastarem de modo tal que pareceram dividir-se, como ocorre com o direito da empresa, do consumidor, ou inclusive a responsabilidade civil, e dos contratos.

Por sua vez, Anderson Schreiber (2021, p. 337-340) defende a coexistência dos regimes subjetivo e objetivo de responsabilidade civil, tal qual ocorre nos Códigos Civil e de Defesa do Consumidor. A responsabilidade subjetiva se faria presente, eis que a Lei impõe dever de indenizar quando o agente de tratamento não adota as medidas protetivas exigidas na lei, isto é, diante da culpa normativa.

De outra sorte, quando houvesse a aplicabilidade do Código de Defesa do Consumidor ou na hipótese de responsabilização decorrente do risco com aplicabilidade da cláusula geral de responsabilidade civil do Código Civil, a LGPD estabeleceria a responsabilidade objetiva. Igualmente, haveria responsabilidade objetiva quando o dano derivasse de tratamento sem a segurança legitimamente esperada. A convivência dos regimes se justificaria por uma leitura teleológica da Lei Geral, notadamente dos artigos[20] 42 (responsabilidade por violação à lei), 44, *caput* (tratamento irregular

---

19. A presença de microssistema no ordenamento jurídico brasileiro pode ser verificada em estudos acerca, sobretudo, do CDC. O presente estudo tratou de microssistema quando examinado o diálogo das fontes, a partir de citação da professora Claudia Lima Marques. É, ainda, oportuno mencionar Nelson Nery Junior (1992, s/p), para quem "a tendência de hoje, porém, é diferente da ocorrida no século passado, pois se tem propendido para a adoção de microssistemas que atendam determinada situação jurídica, *com visão de conjunto de todo o fenômeno e imunes à contaminação de regras de outros ramos do direito, estranhas àquelas relações objeto de regramento pelo microssistema*". Da mesma forma, José Geraldo Brito Filomeno, no Código de Defesa do Consumidor comentado pelos autores do anteprojeto (2007, p. 19-20), referindo-se ao CDC, afirma existir nesse diploma um microssistema jurídico de caráter inter e multidisciplinar. São dele as seguintes palavras: "pelo que se pode observar, por conseguinte, trata-se de uma lei de cunho inter e multidisciplinar, além de ter o caráter de um verdadeiro microssistema jurídico. Ou seja, ao lado de princípios que lhe são próprios". E, ainda: o CDC "relaciona-se com outros ramos do Direito, ao mesmo tempo em que atualiza e dá nova roupagem a antigos institutos jurídicos", palavras que caem como luvas às mãos na LGPD, pois disciplina os princípios da proteção de dados e relaciona-se com Direito do Trabalho, Administrativo, Civil e do Consumidor, enfim, a LGPD também se estende a diversas áreas.
20. "Art. 42. O controlador ou o operador que, em razão do exercício de atividade de tratamento de dados pessoais, causar a outrem dano patrimonial, moral, individual ou coletivo, em violação à legislação de proteção de dados pessoais, é obrigado a repará-lo". "Art. 44. O tratamento de dados pessoais será irregular quando deixar de observar a legislação ou quando não fornecer a segurança que o titular dele pode esperar, consideradas as circunstâncias relevantes, entre as quais: I – o modo pelo qual é realizado; II – o resultado e os riscos que razoavelmente dele se esperam; III – as técnicas de tratamento de dados pessoais disponíveis à época em que foi realizado. Parágrafo único. Responde pelos danos decorrentes da violação da segurança dos dados o controlador ou o operador que, ao deixar de adotar as medidas de segurança previstas no art. 46 desta Lei, der causa ao dano". "Art. 46. Os agentes de tratamento devem adotar medidas de segurança,

quando não observar a lei ou não fornecer segurança), inciso II (risco) e 46 (adoção de medidas de segurança).

Nada obstante as razões postas, responsabilidade civil subjetiva não parece guardar compatibilidade com a espécie, mormente no mundo digital em que as operações são automatizadas pela presença de Inteligência Artificial, em que se registram decisões igualmente automatizadas (FERREIRA; FREITAS, 2020, s/p). De mais a mais, "a culpa não caracteriza o ilícito geral na lei protetiva dos dados pessoais", papel reservado à falha em cumprir o dever de segurança, como se verá a seguir (CRAVO; KESSLER; DRESCH, 2020, p. 197-198).

Soma-se a isso o fato de a presença da atividade de risco afastar a responsabilidade civil subjetiva, quando a Lei Geral de Proteção de Dados Pessoais contém a palavra risco onze vezes. A investigação segue, assim, para verificar se a responsabilidade civil seria, em verdade, objetiva.

4.1.2 Responsabilidade civil objetiva com novo regime

Basta a presença da violação da segurança à proteção de dados ou da legislação correlata a causar dano para que haja responsabilidade do agente. Não está expresso "independente de culpa", porém está o risco, o que tende a atrair a responsabilidade civil objetiva.

A Lei impõe ao agente de tratamento de dados o gerenciamento de riscos com uma série de instrumentos. Caitlin Mulholland (2020, p. 117-121) assevera que a responsabilidade civil da Lei Geral de Proteção de Dados Pessoais é objetiva, por decorrer de evidente atividade de risco. No mesmo sentido:

> A consideração da responsabilidade dos agentes leva em conta, em primeiro lugar, a natureza da atividade de tratamento de dados, que a LGPD procura restringir às hipóteses com fundamento legal (art. 7º) e que não compreendam mais dados do que o estritamente necessário (princípio da finalidade, art. 6º, III) nem sejam inadequadas ou desproporcionais em relação à sua finalidade (art. 6º, II). Essas limitações ao tratamento de dados, conjuntamente com a verificação de que a LGPD assume como regra a eliminação dos dados quando seu tratamento esteja encerrado (art. 16) e igualmente o aceno que faz em diversas oportunidades à necessidade de se levar em conta o risco presente no tratamento de dados, indicam que a Lei procura minimizar as hipóteses de tratamento àquelas que sejam, em um sentido geral, úteis e necessárias, e que mesmo estas possam ser limitadas quando da verificação de risco aos direitos e liberdades do titular de dados (MENDES e DONEDA, 2018, s/p).

A responsabilidade civil seria, portanto, objetiva, uma vez que está presente o risco, cuja concretização reside na possibilidade de tratamento indevido, como uma exposição inadequada de dados pessoais, seja por desrespeitar a Lei, seja por

---

técnicas e administrativas aptas a proteger os dados pessoais de acessos não autorizados e de situações acidentais ou ilícitas de destruição, perda, alteração, comunicação ou qualquer forma de tratamento inadequado ou ilícito". Disponível em: http://www.planalto.gov.br/ccivil_03/_ato2015-2018/2018/lei/L13709.htm.

uso abusivo de informações. Isso se daria "na eventualidade desses dados não serem corretos e representarem erroneamente seu titular, em sua utilização por terceiros sem o conhecimento deste, somente para citar algumas hipóteses reais" (DONEDA, 2011, p. 92).

Tanto é de risco a atividade de tratamento de dados que a estrutura da Lei Geral de Proteção de Dados dedica importante espaço ao gerenciamento de risco[21]. No artigo 48, estabelece que o "controlador deverá comunicar à autoridade nacional e ao titular a ocorrência de incidente de segurança que possa acarretar risco ou dano relevante aos titulares". Nota-se a semelhança desse dispositivo com o chamamento (ou *recall*) do Código de Defesa do Consumidor, lembrando que o chamamento ocorre quando o fornecedor insere no mercado de consumo produto com defeito cuja periculosidade então descoberta deve ser comunicada às autoridades e aos consumidores. Não obstante a presença do risco, é importante serem observadas as seguintes ponderações:

> O ilícito geral na LGPD é configurado pela falta ao dever geral de garantia de segurança[22], que pode ser compreendido, na mesma linha da disciplina jurídica do Código de Defesa do Consumidor, como o defeito no tratamento de dados pessoais e não pela culpa dos agentes de tratamento. A quebra das legítimas expectativas quanto à segurança dos processos de tratamento de dados gera o defeito do tratamento e, consequentemente, o ilícito geral. Quando presentes, também, o nexo de causalidade e o dano a outrem, surge a responsabilidade do agente (CRAVO; KESSLER; DRESCH, 2020, p. 198).

Os pressupostos para a responsabilidade civil, portanto, seriam a presença de tratamento ilícito de dados pessoais e o dano causado ao titular ou terceiro em decorrência da ilicitude. Isso descortinaria que a Lei, efetivamente, não centra a responsabilidade na culpa, tampouco no risco, mas em uma "nova e especial forma de responsabilidade civil objetiva, centrada na garantia da segurança[23] do tratamento de dados pessoais" (DRESCH, 2020, s/p).

Ainda há a destacar, nessa seara, que a Lei 13.709/2018 (artigo 42) estabelece que o dano causado durante atividades de tratamento de dados, em violação à legislação, deve ser reparado. Isso se denota da análise dos pressupostos insertos no

---

21. "O problema central na tomada de decisão frente ao risco ocorre quando essa decisão não é orientada por um embasamento técnico-científico e se resume a conclusões subjetivas, orientadas pela perspectiva pessoal do agente de tratamento. A equivocada compreensão do que é risco, não gera apenas efeitos sancionatórios pela LGPD aos agentes de tratamento que avaliaram o risco de forma errada, mas pode gerar danos aos titulares de dados pessoais, que são os mais vulneráveis nesse contexto" (GOMES, M. C. O., 2020).
22. Para Bruno Miragem (2015, s/p), o dever de segurança teria nascido, no ordenamento pátrio, com o CDC, mas sem a ele se limitar. Expande-se para "todo o sistema de responsabilidade civil" e "será observado nas situações em que a conduta do agente der causa a riscos, a direitos e/ou interesses alheios e, por conta disso, seja a ele imputado um dever de prevenir a ocorrência de danos, vindo a responder pelos danos a que der causa".
23. A garantia da segurança estaria ligada exatamente a riscos, consoante entende Bruno Miragem (2015, s/p), conforme nota de rodapé anterior.

artigo, quais sejam, a realização do tratamento, a violação à legislação, o nexo de causalidade e dano (ao titular ou terceiros). A LGPD segue conforme abaixo anotado:

> Complementando a sistemática de fundamentação da responsabilidade civil na LGPD, o artigo 44 da lei define um dever geral de segurança, cuja violação que gere danos pode ensejar à responsabilização dos agentes de tratamento. Nesse sentido, é possível afirmar que a violação da legislação de proteção de dados (elemento essencial para a responsabilidade civil dos agentes de tratamento) pode ocorrer através de ilícitos específicos, caracterizados pela contrariedade a deveres especificados estabelecidos na lei, mas também por uma forma de ilícito geral (CRAVO; KESSLER; DRESCH, 2020 p. 197-198).

Em tênue linha de entendimento, há defesa de que a responsabilidade civil na Lei Geral de Proteção de Dados Pessoais tem natureza objetiva, porém essa visão "contempla o risco como núcleo essencial para delimitação de critérios próprios de imputação advindos da violação dos deveres estabelecidos" (MARTINS; FALEIROS JÚNIOR, 2020, p. 293). Dando um passo adiante e, em elevada consonância com o princípio da responsabilização e prestação de contas[24], Maria Celina Bodin de Moraes (2019, p. 5) extrai um novo regime de responsabilidade civil:

> Trata-se do conceito de "prestação de contas". Esse novo sistema de responsabilidade, que vem sendo chamado de "responsabilização ativa" ou "proativa", encontra-se indicado no inciso X do art. 6º, que determina às empresas não ser suficiente cumprir os artigos da lei; será necessário também "demonstrar a adoção de medidas eficazes e capazes de comprovar a observância e o cumprimento das normas de proteção de dados pessoais e, inclusive, a eficácia dessas medidas". Portanto, não descumprir a lei não é mais suficiente; é preciso "proativamente" prevenir a ocorrência de danos.

Daniel Bittencourt Guariento e Ricardo Maffeis Martins (2019, s/p) percebem nesse princípio uma relação com o da transparência, deste se desdobrando ou a ele complementando, e acentuam a conexão com a previsão do Regulamento europeu denominada de *accountability*. Acrescentam que o dever inerente ao princípio da responsabilidade e da prestação de contas guarda elo com a necessidade do controlador demonstrar uma condução de atividades à luz de adequadas medidas técnicas e "dos relatórios de impacto por ela produzidos, em linha com o artigo 38 da LGPD".

Dessa forma, a proatividade mencionada poderia ser averiguada com a produção de relatórios e, sobretudo, com a evidência de adoção de medidas adequadas para efetivamente prevenir a ocorrência de danos. Para corroborar eventual ausência de responsabilidade, a inércia não aproveita ao agente de tratamento, cuja conduta deve

---

24. Vide artigo 6º, inciso X, da LGPD. Importa anotar que a literatura está – com razão – reportando grandes repercussões derivadas desse princípio. O que parece curioso, ao perceber que a expressão "prestação de contas" é mencionada uma única vez na Lei: exatamente a do princípio mencionado. Além de tal singularidade, a Lei refere-se a "prestar esclarecimentos" uma vez, ao registrar o dever do encarregado para com o controlador. Ademais, "prestar contas" tem singela aparição, relacionada ao dever da Autoridade Nacional de Proteção de Dados.

ser de agir em prol da proteção de dados pessoais, sendo que, de um lado, a não adoção de medidas e, de outro, o dano, poderá ensejar condenação em ação indenizatória.

Nota-se que essa postura proativa não é privilégio da legislação brasileira. Teresa Vale Lopes (2018, p. 54), em análise de responsabilidades e obrigações do Regulamento europeu, sustenta que o propósito de ratificar a adoção de medidas adequadas "é suscetível de influenciar um comportamento mais proativo por parte dos responsáveis pelo tratamento". Isso se daria preventivamente, tanto com "implementação de medidas eficazes de proteção de dados nos seus processos de negócio", como na adoção de meios de verificação e controle, a fim de averiguar as "referidas medidas antes da necessidade de ocorrência de incidentes".

Lembra-se que a expressão no Regulamento europeu para que o agente incumbido do tratamento de dados não seja responsabilizado é a prova de que "não é de modo algum responsável pelo evento" (artigo 82º/3), o que pode acarretar a responsabilização independentemente[25] da prática de dano do responsável pelo tratamento. "Assim, a transmissão lícita de dados para um terceiro que os processa de modo ilícito, bem como a recepção de dados obtidos ilicitamente, sem o seu conhecimento diligente, podem sustentar a responsabilidade" (CORDEIRO, 2019, p. 60). O agir diligente, portanto, faz-se necessário.

De toda sorte, no Brasil, afigura-se pertinente paralelo com o Código de Defesa do Consumidor, a contar com normas de ordem pública e interesse social (artigo 1º), em que há direito básico à prevenção de danos (artigo 6º, VI). Pareada ao direito básico, há determinação de que produtos e serviços não acarretem riscos à saúde e segurança (artigo 8º) e, quando tais fatores lhes forem inerentes, deve haver adequada e ostensiva informação acerca da periculosidade (artigo 9º).

Ademais, é vedado ao fornecedor colocar no mercado de consumo produto que "sabe ou deveria saber" apresentar alto grau de nocividade (artigo 10, *caput*), todavia, quando houver falhas nesse controle de qualidade, deve o fornecedor promover o chamamento (*recall*), informando autoridades e consumidores atingidos pela exposição ao risco (parágrafo 1º do artigo 10)[26].

---

25. Em pesquisa realizada sobre a responsabilidade civil em proteção de dados, anteriormente à publicação da LGPD, assevera Silvano Ghisi (2018, p. 286) a necessidade de caminhar em dupla via, preventiva e repressiva. Nesta, com instrumentos aptos a fazer cessar ou minimizar efeitos dos riscos aos titulares de dados, "bem como imputar responsabilização e dever indenizatório a quem praticou ou tornou possível a violação".
26. Aliás, nova semelhança entre os diplomas legais examinados. O *recall* disciplinado no CDC parece ter influenciado a LGPD. Veja-se, primeiro, o artigo 48 da LGPD para, adiante, visualizar o artigo 10 do CDC: "Art. 48 (LGPD). O controlador deverá comunicar à autoridade nacional e ao titular a ocorrência de incidente de segurança que possa acarretar risco ou dano relevante aos titulares. § 1º A comunicação será feita em prazo razoável, conforme definido pela autoridade nacional, e deverá mencionar, no mínimo: I – a descrição da natureza dos dados pessoais afetados; II – as informações sobre os titulares envolvidos; III – a indicação das medidas técnicas e de segurança utilizadas para a proteção dos dados, observados os segredos comercial e industrial; IV – os riscos relacionados ao incidente; V – os motivos da demora, no caso de a comunicação não ter sido imediata; e VI – as medidas que foram ou que serão adotadas para reverter

Por conseguinte, há precedentes no ordenamento jurídico brasileiro que criam a obrigatoriedade de adoção de medidas para não causar riscos (ainda mais danos), para reduzir riscos e para informar sobre a presença de riscos inerentes. Disso se verifica, assim, uma postura menos passiva, que procura agir para a construção de segurança nas atividades de tratamento de dados. Entretanto, é verdade que, na Lei Geral de Proteção de Dados Pessoais, atribuem-se novos patamares à proatividade e à prevenção de danos com o princípio da prestação de contas, conforme se denota da assertiva de Maria Celina Bodin de Moraes e João Quinelato de Queiroz:

> Até hoje, como é sabido, as empresas simplesmente cumprem o expediente fornecendo um kit de documentos (formulários de informações e consentimento, política de privacidade, documento de segurança etc.) aos quais ninguém realmente presta atenção. A partir de 2020, quando a lei entra em vigor plenamente, qualquer organização a ela sujeita deverá provar: i) que avaliou e, se necessário, redesenhou adequadamente o processamento de dados pessoais; ii) que as medidas de segurança implementadas são adequadas e eficazes; iii) que aplica uma política de privacidade interna com obrigações claras, ações concretas vinculadas a cada uma e que foram designados os responsáveis pelo cumprimento; iv) que nomeou um encarregado e que exige esse mesmo cumprimento responsável de seus funcionários e na sua cadeia de terceirização (BODIN DE MORAES; QUEIROZ, 2019, p. 128).

Nessa trilha, afirma-se que, em atenção ao princípio em análise, "é preciso que o controlador tome uma série de medidas técnicas e organizacionais que garantam que todo o ciclo de tratamento de dados pessoais ocorre em conformidade com a lei" (BRANCHER; KUJAWSKI; CASTELLANO, 2020, s/p). Em outros termos, a Lei Geral de Proteção de Dados Pessoais, ao impor que sejam tomadas medidas, estabeleceu a proatividade. E, ao impor responsabilidade pelos danos causados diante da ausência de demonstração de implementação adequada dos padrões, constituiu a responsabilidade proativa.

Observa-se que, em estudos concernentes à responsabilidade civil, não propriamente do regime adotado na Lei Geral de Proteção de Dados Pessoais, Cristiano Chaves de Farias, Felipe Peixoto Braga Netto e Nelson Rosenvald (2019, s/p) destacam a proatividade em relação à prevenção da responsabilidade, a tal ponto que, para eles, seria seu cognome na contemporaneidade.

> Evitar e mitigar um dano se converte em questão central e maior desafio para a responsabilidade civil do século XXI. A prevenção como antonomásia da responsabilidade civil contemporânea.

---

ou mitigar os efeitos do prejuízo." Ao passo que o CDC dispõe: "Art. 10. O fornecedor não poderá colocar no mercado de consumo produto ou serviço que sabe ou deveria saber apresentar alto grau de nocividade ou periculosidade à saúde ou segurança. § 1º O fornecedor de produtos e serviços que, posteriormente à sua introdução no mercado de consumo, tiver conhecimento da periculosidade que apresentem, deverá comunicar o fato imediatamente às autoridades competentes e aos consumidores, mediante anúncios publicitários. § 2º Os anúncios publicitários a que se refere o parágrafo anterior serão veiculados na imprensa, rádio e televisão, às expensas do fornecedor do produto ou serviço. § 3º Sempre que tiverem conhecimento de periculosidade de produtos ou serviços à saúde ou segurança dos consumidores, a União, os Estados, o Distrito Federal e os Municípios deverão informá-los a respeito".

Em vez de agir reativamente ao dano consumado (direito remediador) – pela via da indenização ou da compensação –, devemos conservar e proteger bens existenciais e patrimoniais (direito proativo). Toda pessoa ostenta um dever *ex ante* de evitar causar um dano injusto, agindo conforme a boa-fé e adotando comportamentos prudentes para impedir que o dano se produza ou que se reduza a sua magnitude.

Reconhecemos que o tema é polêmico e acreditamos que ainda será foco de intensos estudos, devido à presença de fortes argumentos de todos os lados. Porém, cremos ser possível afiançar a natureza da responsabilidade objetiva como a disposta na Lei Geral de Proteção de Dados Pessoais, construída sob a nova visão que ultrapassa a costumeira dicotomia, com forte prestígio da prevenção, da precaução, da necessidade imposta pela Lei de construir parâmetros além da cômoda posição de não descumprir a lei. Ademais, mostra-se oportuno o enfrentamento de outros aspectos da responsabilidade civil.

4.1.3 Anotações da Responsabilidade Civil na LGPD: Solidariedade, Nexo Causal, Excludentes e Responsabilidade dos Agentes

Além das investigações referentes ao regime jurídico, outras questões atinentes à responsabilidade civil da nova Lei revelam-se instigantes. A Lei Geral de Proteção de Dados Pessoais conta com uma seção específica para responsabilidade e ressarcimento de danos (Seção III do Capítulo VI). Entre as previsões ali inseridas, registra-se a responsabilidade solidária entre controlador e operador.

Com efeito, o artigo 42[27] da Lei disciplina que o controlador ou o operador que causar danos a outrem, em decorrência de atividade de tratamento de dados pessoais e "em violação à legislação de proteção de dados pessoais", deve reparar o dano. Ainda na cabeça do artigo, prevê-se que o dano pode ser patrimonial, moral, individual ou coletivo.

Já o parágrafo primeiro[28] busca assegurar efetiva indenização e, para tanto, prevê a responsabilidade solidária entre operador e controlador, sendo que este responderá solidariamente com aquele sempre que envolvido diretamente na atividade lesante, ao passo que o operador será solidariamente responsável quando deixar de seguir as lícitas instruções do controlador ou quando descumprir obrigação da legislação. Vale dizer que o agente que vier a indenizar tem direito de regresso contra os demais responsáveis, nos termos do § 4º do artigo 42. Observa-se que o inciso I do § 1º do

---

27. "Art. 42. O controlador ou o operador que, em razão do exercício de atividade de tratamento de dados pessoais, causar a outrem dano patrimonial, moral, individual ou coletivo, em violação à legislação de proteção de dados pessoais, é obrigado a repará-lo".
28. "§ 1º A fim de assegurar a efetiva indenização ao titular dos dados: I – o operador responde solidariamente pelos danos causados pelo tratamento quando descumprir as obrigações da legislação de proteção de dados ou quando não tiver seguido as instruções lícitas do controlador, hipótese em que o operador equipara-se ao controlador, salvo nos casos de exclusão previstos no art. 43 desta Lei;
II – os controladores que estiverem diretamente envolvidos no tratamento do qual decorreram danos ao titular dos dados respondem solidariamente, salvo nos casos de exclusão previstos no art. 43 desta Lei".

artigo 42, que trata da responsabilidade do operador, repete a cabeça do artigo nesse particular, pois determina que a responsabilidade de controlador ou operador se dará mediante dano a outrem, em atividade que viole a legislação de proteção de dados pessoais.

As disposições de solidariedade e direito de regresso também encontram eco no Regulamento europeu, que estabelece a responsabilidade de cada responsável "pela totalidade de danos, a fim de assegurar a efetiva indemnização do titular dos dados", cabendo direito de regresso[29].

Acrescente-se outra semelhança na LGPD com o (ou inspiração no) Código de Defesa do Consumidor. Tal qual a norma de proteção do consumidor, estabeleceu-se a possibilidade de inversão do ônus da prova. Todavia, com uma diferença: enquanto no CDC a inversão do ônus está prevista como direito básico, sendo cabível em ações indenizatórias e além destas, a Lei Geral de Proteção de Dados Pessoais trouxe a referida possibilidade especificamente no campo da responsabilidade civil. A literatura, entretanto, reconhece a possibilidade de aplicar a inversão do ônus da prova noutras oportunidades:

> Apesar da alocação da regra especificamente na seção dedicada à responsabilidade civil – diferentemente do que faz o CDC, que prevê a inversão como um direito básico do consumidor em qualquer tipo de processo –, a sua *ratio*, fundada na superioridade técnica dos agentes de tratamento sobre o titular dos dados pessoais, justifica a sua aplicação em qualquer litígio envolvendo o tratamento desses dados (SCHREIBER, 2021, p. 345).

A inversão do ônus da prova ganha possível relevo nas ações que serão ajuizadas, uma vez que se reconhece a dificuldade do titular de dados identificar quem vazou suas informações, quem indevidamente compartilhou ou utilizou para finalidade diversa da consentida, enfim, quem violou a Lei e lhe causou dano.

Ao lado da inversão do ônus, o titular poderá buscar por informações diretas com o encarregado ou com o controlador, exigindo prestação de contas para tentar encontrar de onde partiu a violação, com base nos princípios (artigo 6º) da responsabilização e prestação de contas (inciso X) e da transparência (VI), pelo qual há a "garantia, aos titulares, de informações claras, precisas e facilmente acessíveis sobre a realização do tratamento e os respectivos agentes de tratamento, observados os

---

29. "Art. 82º [...] 4. Quando mais do que um responsável pelo tratamento ou subcontratante, ou um responsável pelo tratamento e um subcontratante, estejam envolvidos no mesmo tratamento e sejam, nos termos dos ns. 2 e 3, responsáveis por eventuais danos causados pelo tratamento, cada responsável pelo tratamento ou subcontratante é responsável pela totalidade dos danos, a fim de assegurar a efetiva indemnização do titular dos dados. 5. Quando tenha pago, em conformidade com o n. 4, uma indemnização integral pelos danos sofridos, um responsável pelo tratamento ou um subcontratante tem o direito de reclamar a outros responsáveis pelo tratamento ou subcontratantes envolvidos no mesmo tratamento a parte da indemnização correspondente à respetiva parte de responsabilidade pelo dano em conformidade com as condições previstas no n. 2".

segredos comercial e industrial". Repisamos que a teia interconectada da Lei contribui com sua efetividade.

Esse cenário promete debates quanto ao nexo de causalidade que, em geral, pode ser entendido como "um elemento referencial entre a conduta e o resultado. É um conceito jurídico-normativo através do qual poderemos concluir quem foi o causador do dano" (CAVALIERI FILHO, 2010, p. 47). Trata-se de pressuposto exigido tanto no Regulamento europeu quanto na Lei brasileira. Em relação àquele, tem-se que a "responsabilização civil por violação do RGPD apenas poderá ocorrer se entre esta violação e os danos produzidos na esfera jurídica do lesado existir um nexo de causalidade" (CORDEIRO, 2019, p. 54).

Da mesma forma, para responsabilizar o agente de tratamento que violar a LGPD e causar danos, deve haver prova do nexo de causalidade, uma vez que a despeito da previsão de inversão do ônus da prova, esta não é automática e somente terá lugar quando presentes um dos alternativos requisitos[30] do artigo 42, § 2º. E nisso reside um desafio.

A respeito do assunto, Carlos Edison do Rêgo Monteiro Filho e Nelson Rosenvald (2021, p. 6-10) reconhecem a dificuldade apresentada, seja quando houver uma única causa, como dano causado por algoritmo defeituoso, ou, com maior complexidade ainda, diante de causas alternativas. Sobre tal linha de raciocínio, anota Anderson Schreiber:

> No que diz respeito especificamente ao tratamento dos dados pessoais, a questão da causalidade pode se tornar especialmente complexa. O vazamento de dados pessoais em uma sociedade de informação ocorre, muitas vezes, por meio de sucessivas transferências ou apropriações de dados que, mesmo em casos de investigação policial, se tem dificuldade em reconstituir. A fonte originária de dados pessoais expostos indevidamente nem sempre é passível de identificação (*trackable*) e o caminho percorrido pelos dados pessoais frequentemente restará demonstrado mais a título de efetiva probabilidade que de certeza matemática (SCHREIBER, 2021, p. 340-341).

De fato, acredita-se nessa tendência do campo da probabilidade para se declarar presente o nexo causal. Sendo assim, pondera-se que o ônus da prova da causalidade "é claramente facilitado para a vítima, que não precisa provar todos os elos da cadeia de causalidade se os tribunais aceitarem que um determinado resultado é o efeito típico de um certo desenvolvimento nessa cadeia" (MONTEIRO FILHO; ROSENVALD, 2021, p. 9).

Ademais, devemos ter em mente que, além da inversão do ônus da prova a cargo do magistrado, tem-se a imposta pela LGPD, uma outra maneira para facilitar a carga probatória destinada ao lesado. A Lei Geral impõe que os agentes de tratamento apenas deixarão de ser responsabilizados quando eles próprios provarem (artigo 43):

---

30. "§ 2º O juiz, no processo civil, poderá inverter o ônus da prova a favor do titular dos dados quando, a seu juízo, for verossímil a alegação, houver hipossuficiência para fins de produção de prova ou quando a produção de prova pelo titular resultar-lhe excessivamente onerosa".

I – Que não realizaram o tratamento de dados pessoais que lhes é atribuído; II – que, embora tenham realizado o tratamento de dados pessoais que lhes é atribuído, não houve violação à legislação de proteção de dados; ou III – que o dano é decorrente de culpa exclusiva do titular dos dados ou de terceiro.

Essas situações excluiriam o nexo causal (incisos I ou III) ou a ilicitude (inciso II) e, por conseguinte, o dever de indenizar. Resta saber como a responsabilidade civil poderá cumprir os propósitos da Lei Geral. Para tanto, examinaremos se a indenização restitutória – com a remoção dos lucros indevidos dos ofensores, transferindo-os aos lesados – é o remédio apropriado.

4.2 UM PASSO ADIANTE PARA A RESPONSABILIDADE CIVIL PELO ILÍCITO LUCRATIVO: A INDENIZAÇÃO RESTITUTÓRIA NA LGPD

Para verificar como ocorre a configuração e a quantificação do dano havido no âmbito da Lei Geral de Proteção de Dados Pessoais, faz-se oportuna a anotação de que os dados pessoais utilizados pelo agente de tratamento configuram, por um lado, ativo financeiro e, por outro, direitos da personalidade atinentes ao direito fundamental de proteção dados pessoais (nos termos estudados no capítulo 2). Com isso em mente, o agente de tratamento, eventual e indevidamente, perceberá ganhos decorrentes de violação à Lei.

Nessa seara, Claudia Lima Marques e Guilherme Mucelin (2018, p. 409) observam que negociações entre empresas compreendendo atividades de tratamento de dados pessoais alcançam somas significativas, tendo representado "só no ano de 2011, receita de cerca de U$ 7,6 bilhões de dólares no mundo. Em 2015, o valor passou para U$ 22,6 bilhões e estimou-se que, no ano de 2017, o montante ultrapassou os U$ 34 bilhões", sem consentimento, tampouco conhecimento do titular de dados. Verdadeiramente, tem-se ativo financeiro resultante da privacidade e dos dados pessoais e, nesse caso, ilícito. A esse respeito, são pertinentes as observações de Ana Frazão:

> Vistos já como o novo petróleo, os dados são hoje insumos essenciais para praticamente todas as atividades econômicas e tornaram-se, eles próprios, objeto de crescente e pujante mercado. Não é sem razão que se cunhou a expressão *data driven economy*, ou seja, economia movida a dados, para designar o fato de que a fase atual do capitalismo está baseada na extração e no uso de dados pessoais. Obviamente que o fenômeno, longe de se restringir à seara econômica, apresenta inúmeras repercussões nas esferas individuais dos cidadãos, além de levar à total reestruturação das relações sociais e políticas. Consequentemente, os dados ganharam uma importância transversal, tornando-se vetores das vidas e das liberdades individuais, assim como da sociedade e da própria democracia (FRAZÃO, 2020a, s/p).

Ainda assim, na economia movida a dados, há risco de o ofensor manter-se com o resultado de sua conduta antijurídica caso conservada a responsabilidade civil sem a restituição dos lucros ilícitos. Não se pode admitir tamanha injustiça, sob pena de a Lei 13.709/2018 nascer morta no tocante à capacidade indenizatória. É fato que os ganhos indevidos não podem ser retidos com o lesante.

Se violados foram, na condição de direito fundamental e da personalidade, os dados pessoais; e se, destes, houve um benefício, o ofensor deve ser condenado a promover a transferência do valor obtido ao titular do direito. Para continuar a construir esse caminho, passamos ao exame de danos que envolvem dados pessoais patrimoniais ou extrapatrimoniais, investigação que deve ser precedida, ainda que em breves notas, pela do dano, como assevera Ana Cláudia Corrêa Zuin Mattos do Amaral:

> Pensar na quantificação de um dano requer, em via de antecedência lógica, a existência de um dano reconhecido como indenizável, passível de ressarcimento, que demanda, posteriormente, somente a sua tradução em termos numéricos, a fim de representar, em quantia monetariamente apreciável, a obrigação do agente compelido a indenizar a vítima do evento danoso (AMARAL, 2015, p. 76).

Para José de Aguiar Dias (2011, p. 821), a noção de dano pode ser restrita "à ideia de prejuízo, isto é, o resultado da lesão". Antonio Jeová Santos (2019, p. 81) afirma exatamente isto: "dano é prejuízo". Já Sergio Cavaliei Filho (2010, p. 73) entende como a "lesão de um bem jurídico, tanto patrimonial como moral".

Apesar dessa última conceituação, entendemos que o dano não é a lesão em si, mas, como aduz Ana Cláudia Corrêa Zuin Mattos do Amaral (2015, p. 79), "é o prejuízo resultante de uma lesão". Pode ser caracterizado, ainda, como "o prejuízo resultante de uma lesão antijurídica de bem alheio" (NORONHA, 2013, s/p), "abrangendo não somente a violação de direitos subjetivos, mas abarcando também a lesão a interesses jurídicos" (AMARAL, 2015, p. 79).

Dano, portanto, é o prejuízo decorrente da lesão a direitos ou a interesses jurídicos. Satisfeita a caracterização de dano, soma-se, para fins de ressarcibilidade e compensação, a injustiça do dano. Dessa maneira, nasce o dever de reparação do prejuízo quando a lesão foi causada de forma antijurídica.

Com efeito, a "expressão dano injusto introduz, de certo modo, a noção de proporcionalidade – trata-se do dano que não deve ser suportado pelo lesado, isto é, o dano a uma situação juridicamente protegida" (BRAGA NETTO, 2019, p. 189).

Nesse sentido, o dano injusto causado por lesão a direitos ou interesses jurídicos, em situação juridicamente protegida pela Lei Geral de Proteção de Dados Pessoais, bem como por outras normas (em diálogo com a LGPD), deve ser estudado.

4.2.1 O dano advindo da violação da Lei Geral de Proteção de Dados pessoais e sua quantificação

Há dezessete citações da palavra "dano" na Lei brasileira de proteção de dados, sendo três delas para fins de cálculo de sanções administrativas (artigos 52, § 1º, VI e VIII, e 54). Outras menções constam na seção referente à governança da privacidade (artigo 50, § 2º: poderá ser um dos meios de proatividade exigida, conforme o caso) e na seção de segurança e sigilos de dados (artigo 48: dever de comunicação à autoridade nacional, bem como ao titular de dados diante de incidente de segurança a acarretar tanto risco quanto dano relevante; o que seria uma espécie de *recall*).

Além dessas, há mais dez referências de "dano" no campo específico de responsabilidade e ressarcimento. Mais duas ocorrências são as seguintes: uma no artigo 11, § 1º (atinente a dados sensíveis) e outra no artigo 6º, inciso VIII, que estabelece o princípio da prevenção como adoção de providências aptas a evitar danos. Observa-se que o contido na cabeça do artigo 42 estabelece a obrigação de reparar dano de ordem "patrimonial, moral, individual ou coletivo, em violação à legislação de proteção de dados pessoais".

Não há conceituação do que seria, aos olhos da Lei, dano patrimonial, tampouco moral. Nesse sentido, emprestam-se os exemplos de danos materiais citados por António Menezes Cordeiro (2019, p. 54), relativos ao Regulamento europeu, totalmente cabíveis no ordenamento pátrio:

> [i] o aumento dos custos finais cobrados por um serviço prestado, na decorrência de transmissão ilícita de dados por um terceiro para o prestador; (ii) a não celebração de um contrato de trabalho ou o despedimento na decorrência de recolha ilícita de dados pessoais, pela entidade patronal, relativos ao candidato; (iii) a utilização ilícita de dados pessoais por entidades financeiras, com impacto negativo nas condições apresentadas ao titular, por exemplo nos juros cobrados ou no valor do prémio do seguro; e (iv) a não retificação (artigo 16º – seria equivalente ao artigo 18, III, LGPD) ou o não apagamento de dados (artigo 17º – seria equivalente ao artigo 18, VI, LGPD).

A literatura brasileira cita exemplo de dano patrimonial como aquele em que consumidor busca por acesso a um produto ou serviço em uma empresa com a qual não havia contratado anteriormente, mas, em posse de seus dados, "quando for contrair um novo financiamento, por exemplo, contrate a juros mais altos do que seria de praxe". Quanto ao dano extrapatrimonial, poderá ocorrer diante de violação a direitos da personalidade, com tratamento sem base legal (MARQUES; MUCELIN, 2018, p. 401), aí incluído o feito para finalidade diversa da estabelecida. Exemplifiquem-se direitos da personalidade como os próprios dados pessoais em si, a imagem e a não discriminação.

Justamente por violação a direitos da personalidade, a Lei mal entrou em vigor e já foi utilizada para fundamentar sentença[31] em caso em que houve não consen-

---
31. Disponível em: https://www.conjur.com.br/dl/compartilhar-dados-consumidor-terceiros.pdf. A referida sentença foi reformada pelo Tribunal de Justiça de São Paulo. Todavia, parte significativa das razões que fundamentaram as alterações são, a bem da verdade, motivadoras para que se estabeleçam adequados mecanismos de ressarcimento, até mesmo para enfrentamento de decisões muitas vezes conservadoras e até mesmo apegadas a ideias pré-concebidas, quando não pouco sustentadas juridicamente. Entre as críticas que o acórdão merece, questiona-se o ponto em que a decisão considerou ausente prova segura de que empresa teria repassado os dados a terceiros, afastando o nexo causal. A crítica justifica-se tendo em vista a permissão de uma postura passiva da empresa, quando há dever – mesmo no Código de Defesa do Consumidor, em vigor desde 1991 – de prevenção efetiva de danos. Dessa maneira, a empresa, quando não adota mecanismos de prevenção de danos, infringe o CDC, sendo que a inércia não assiste o fornecedor.

tida transferência de dados. A juíza Tonia Yuka Koroku, em ação que pretendia a condenação de construtora na obrigação de não fazer, consistente exatamente no não compartilhamento de dados, bem como no pagamento de indenização, julgou procedente a demanda, citando textualmente, dentre outras normas, a LGPD e a lesão à intimidade, privacidade e nome. Para a magistrada, "os dados surgem como bens jurídicos tutelados pela ordem jurídica, porquanto relacionados a diversos outros direitos também fundamentais, conforme o supracitado art. 2º da LGPD" e, frente a isso, asseverou:

> Patente que os dados independentemente de sensíveis ou pessoais (art. 5º, I e II, LGPD) foram tratados em violação aos fundamentos de sua proteção (art. 2º, LGPD) e à finalidade específica, explícita e informada ao seu titular (art. 6º, I, LGPD). O contrato firmado entre as partes prescreveu apenas a possibilidade de inclusão de dados do requerente para fins de inserção em banco de dados ("Cadastro Positivo"), sem que tenha sido efetivamente informado acerca da utilização dos dados para outros fins que não os relativos à relação jurídica firmada entre as partes. Entretanto, consoante prova documental acima indicada, houve a utilização para finalidade diversa e sem que o autor tivesse informação adequada (art. 6º, II, LGPD). Nesse mesmo sentido tuitivo, o disposto no artigo 6º, III e IV, do Código de Defesa do Consumidor.

Ainda consta da sentença que as condutas a violarem tanto direitos fundamentais quanto outros assegurados no ordenamento jurídico devem ser "reprimidas e reparados os danos daí decorrentes". Anote-se, ademais, a menção de que a testemunha da empresa não teria recebido "treinamento que abordasse sigilo de dados". A condenação foi arbitrada em R$10.000,00 (dez mil reais) por danos morais.

Chamam a atenção alguns pontos da sentença, que serão alvo de abordagem a seguir: a natureza do dano; o regime da responsabilidade civil (com atenção para a incidência dialógica também do CDC), inclusive com um aspecto considerado na fundamentação (ausência de treinamento acerca do sigilo de dados); e a insuficiência do valor arbitrado para o fim pretendido (reprimir conduta e reparar danos).

A começar pelo montante fixado, trata-se de valor que já vem sendo arbitrado[32] em casos similares, sem a vigência nem citação da LGPD. Veja-se, entretanto, a pre-

---

Acrescentamos que se o argumento do acórdão é de que a LGPD não poderia retroagir, bastaria o Tribunal seguir os sólidos e embasados passos estabelecidos na sentença, que fundamentou as razões da condenação por violações à LGPD e também a outras normas, como o CDC. O acórdão em tela está disponível em: https://www.conjur.com.br/dl/acordao-cyrela.pdf.

32. Representativamente, tem-se o seguinte caso em que, além da violação dos dados pessoais caracterizado como defeito, houve agregada inclusão indevida do nome em cadastros restritivos de crédito e, ainda assim, o montante restou fixado em R$ 9.000,00. Segue ementa do caso: "Apelação cível. Consumidor. Ação declaratória de nulidade de negócio jurídico. Indenização por danos morais. Laudo pericial grafotécnico. Pedidos de esclarecimentos. Explicações prestadas. Inconformismo. Perícia. Finalidade cumprida. Financiamento bancário. Utilização de dados pessoais da autora. Avalista. Fraude. Inclusão indevida do nome do consumidor em serviços de proteção ao crédito. Responsabilidade objetiva da instituição financeira. Dano moral evidenciado. Quantum indenizatório. Critérios. Princípios da razoabilidade e proporcionalidade. Realizada a perícia judicial em conformidade com os preceitos estabelecidos no artigo 473, do Código de Processo Civil, e prestados os esclarecimentos solicitados pela parte, a reiteração de pedidos de informação complementares ao perito revela o mero inconformismo com o resultado do laudo pericial. Nos termos

sença de valores ainda mais reduzidos, como no julgado de 2009 citado no item 4.1, cuja condenação por violação de dados pessoais, com base no CDC, correspondeu ao valor fixado em R$3.000,00 (três mil reais), mesmo tendo sido textualmente consideradas circunstâncias para incluir os caráteres punitivo e compensatório da sanção.

Tais patamares indenizatórios na economia movida a dados, cuja transferência percebe somas bilionárias, não se mostram razoáveis para a finalidade de desestímulo. Afinal, as transações sem conhecimento do titular aumentam ano a ano, consoante anteriormente mencionado: "2011, receita de cerca de U$ 7,6 bilhões de dólares no mundo. Em 2015, o valor passou para U$ 22,6 bilhões e estimou-se que, no ano de 2017, o montante ultrapassou os U$ 34 bilhões" (MARQUES; MUCELIN, 2018, p. 409). Por outro lado, fez-se necessária nova legislação para regular as práticas de tratamento de dados e coibir violações. Afirma-se, dessa maneira, que os valores de condenações mencionados (R$3.000,00 a R$10.000,00) revelam-se cifras incapazes de oferecer concretude à responsabilidade civil, eis que a violação compensa ao ofensor.

No que atine à natureza, de fato, tem-se dano moral representado pela violação a direitos da personalidade. Anote-se que, longe de se justificar por seus possíveis reflexos subjetivos, como dor, vexame, aflição psicológica, o dano moral revela-se com a referida violação. Seus efeitos podem ou não servir de norte para eventual quantificação, porém jamais para aferição de sua presença, eis que o antecedente não se justifica pelo subsequente. Nesse sentido:

> Há necessidade de modificar o foco da questão, abandonando-se a concepção de que o dano moral pressupõe a dor na vítima, para localizá-la primeiramente na ideia de lesão ou privação de um direito da personalidade. Em segundo lugar, considerando que toda violação de direito subjetivo tem uma sanção correspondente no sistema jurídico, o atentado a direito da personalidade deve ser reparado (SANTANA, 2009, p. 153).

No dano moral, há "lesão a um interesse tutelado (por exemplo, a saúde, a privacidade)" com repercussão particularizada de pessoa a pessoa, o que estimula "a investigação sobre o objeto da lesão [...], a fim de aferir o seu merecimento de tutela ou não" (SCHREIBER, 2015, p.109). Isso se dá com a violação da privacidade (exemplo apresentado pelo autor), com a discriminação (e, pois, com a violação ao

---

do artigo 14, do Código de Defesa do Consumidor, as instituições bancárias respondem, independentemente de culpa, pela reparação dos danos causados aos consumidores por defeitos relativos à prestação dos serviços. *O uso fraudulento por terceiro dos dados pessoais da autora*, incluída na condição de avalista em Cédulas de Crédito, para a aquisição de empréstimos, *caracteriza defeito na prestação de serviço, sendo passível de indenização*. O indevido registro de débito em nome do consumidor em cadastros de proteção ao crédito enseja injustos e imensuráveis constrangimentos que, por si só, configuram dano à moral do indivíduo. A fixação do valor da indenização por dano moral deve atender a critérios de razoabilidade e proporcionalidade, de maneira que gere efetiva compensação à vítima do dano sofrido, desestimulando deslizes tais como a inscrição indevida do nome do consumidor em cadastro de consumo (TJDFT. Acórdão 1270209, 07079299020188070018, Relator: ESDRAS NEVES, 6ª Turma Cível, data de julgamento: 29.07.2020, publicado no PJe: 25.08.2020. p. Sem Página Cadastrada)" (grifos inseridos).

princípio da não discriminação), além de uma série de lesões a direitos garantidos na Lei 13.709/2018 e outros tantos interesses atinentes à proteção de dados que venham a ser erigidos à condição de merecedores de tutela. Registre-se, nessa linha:

> O dano moral tem como causa a injusta violação a uma situação jurídica subjetiva extrapatrimonial, protegida pelo ordenamento jurídico através da cláusula geral de tutela da personalidade que foi instituída e tem sua fonte na Constituição Federal, em particular e diretamente decorrente do princípio (fundante) da dignidade da pessoa humana (também identificado com o princípio geral de respeito à dignidade humana). Assim, no Brasil, é a ordem constitucional que está a proteger os indivíduos de qualquer ofensa (ou ameaça de ofensa) à sua personalidade (BODIN DE MORAES, 2017, p. 132-133).

Noutro aspecto, agora tocante ao regime da responsabilidade civil, o aludido julgamento bem destacou se tratar de relação de consumo, com incidência do Código de Defesa do Consumidor e aplicação do artigo 45 da Lei Geral de Proteção de Dados Pessoais, razão pela qual não houve dificuldade em reconhecer a responsabilidade objetiva. Ademais, destaca-se a menção contida na sentença de que não houve provas de treinamentos oferecidos sobre sigilo de informações, ponto que merece ser averiguado pela ausência de proatividade da empresa condenada. Afinal, "a sociedade tem expectativa na observância geral de emprego de diligência na prática de atos, isto é, a fim de evitar danos a outrem" (SANTANA, 2009, p. 95), com providências de prevenção e precaução.

> Por prevenção entende a doutrina toda e qualquer medida destinada a evitar ou reduzir os prejuízos causados por uma atividade conhecidamente perigosa, produtora de risco atual, enquanto o conceito de precaução estaria ligado à incerteza sobre a periculosidade mesma da coisa ou atividade, ou seja, ao evitar ou controlar um risco meramente potencial. Na mesma direção, fala-se ainda mais recentemente, em *risk management* como técnica que, somada à responsabilidade civil, buscaria identificar os pontos de risco em cada estrutura organizacional e eliminá-lo antes da produção de danos (SCHREIBER, 2015, p. 228).

Em verdade, exige-se movimentação dos agentes de tratamento, não lhes bastando provar que não teriam agido para permitir a violação da informação. Logo, perquiriu-se naquela sentença a inação. Como a empresa não oferecia treinamentos, suas alegações de ausência de violação não foram o bastante. Noutras palavras, é imperiosa a proatividade[33], uma postura ativa de prevenção de danos com medidas e padrões de qualidade e de segurança, hábeis ao fim de assegurar atividades de tratamento nos estreitos limites legais, sob pena de condenação em danos, inclusive extrapatrimoniais.

---

33. Anderson Schreiber (2015, p. 228) – em dizeres não especificamente direcionados à proteção de dados, mas que servem como luvas às mãos – considera "*risk management* como técnica que, somada à responsabilidade civil, buscaria identificar os pontos de risco em cada estrutura organizacional e eliminá-lo antes da produção de danos". Notamos que a assertiva cabe na análise aqui realizada, considerando esse dever de gerenciamento de riscos com foco em evitar a ocorrência de danos.

Por esse ângulo, Bruno Miragem (2015, s/p) destaca a capacidade ecônomica do lesante como um critério possível na quantificação do dano extrapatrimonial, com intuito de que a indenização desestimule a prática reiterada de condutas antijurídicas. Busca-se, assim, manter o foco na prevenção de danos praticados pelo lesante ou mesmo por terceiros, levando-os a adotar postura que evite ocorrência de prejuízos alheios.

Há, assevera-se, a percepção de que é necessário criar maiores empecilhos ao infrator, bem como ainda mais desestímulos da reiterada prática antijurídica (tanto ao infrator quanto a terceiros). Assim ocorreria com o dano moral ao abarcar uma terceira fase na quantificação, sob o nome de culpa lucrativa. De fato, Antonio Jeová Santos (2019, p. 218) entende que, ao caráter bifásico[34] da quantificação do dano moral, deve ser acrescentada uma terceira etapa, desta forma:

> [...] consistiria na apuração, pelo juiz, da culpa lucrativa do empresário, lucro advindo do ato que cometeu dano moral. Referido critério também pode se ajustar àqueles casos em que sociedades empresariais repetem o mesmo ilícito, sem nenhuma preocupação com as consequências detrimentosas ao 'animus' de seus clientes. Consiste a culpa lucrativa no ato da pessoa jurídica que, em face da contratação massiva, detém milhões de consumidores cativos e, em razão disso, a sociedade empresarial passa a cometer atos ilícitos, raciocinando que se de um milhão, apenas mil pessoas buscam o Poder Judiciário para a reparação, o seu ilícito será lucrativo. Tudo, em detrimento do consumidor. O Judiciário, por sua vez, alheio a tudo isso, continua a entregar à vítima da lesão moral, uma importância pequena que em nada a compensa, nem satisfaz. Surge a culpa lucrativa quando a grande empresa sabe que seus produtos e serviços causam prejuízos, mas depois de realizar cálculo estatístico, verifique que o custo-benefício lhe é favorável se continuar em sua prática ilícita.

Cabe observar que os exemplos a que o autor se refere são relações de consumo cuja responsabilidade civil é objetiva. Assim, denominar de "culpa lucrativa" parece não se mostrar adequado[35]. Apesar disso, as considerações do referido autor são contundentes. Em seus estudos, considera (2019, p. 219), que o "contínuo e incessante labor que se repete à exaustão o mesmo ilícito, sabendo de antemão, que seus lucros serão maiores do que eventuais condenações em pedidos de indenização por dano moral, é conduta intolerável". De forma ainda mais incisa, declara que há injustiça em atos gananciosos, sem limites e reiterados, que permitam a ofensores

---

34. "Na primeira fase, arbitra-se o valor básico ou inicial da indenização, considerando-se o interesse jurídico atingido, em conformidade com os precedentes jurisprudenciais acerca da matéria (grupo de casos). Assegura-se, com isso, uma exigência da justiça comutativa que é uma razoável igualdade de tratamento para casos semelhantes, assim como que situações distintas sejam tratadas desigualmente na medida em que se diferenciam. Na segunda fase, procede-se à fixação definitiva da indenização, ajustando-se o seu montante às peculiaridades do caso com base nas circunstâncias. Partindo-se, assim, da indenização básica, eleva-se ou reduz-se esse valor de acordo com circunstâncias particulares do caso" (SANSEVERINO, 2010, p. 288-289).
35. Em sentido contrário, entendendo ser possível falar em culpa no momento da quantificação do dano, Bruno Miragem (2015, s/p) afirma que "é preciso haver demonstrado o elemento subjetivo do ofensor, o que não exclui a responsabilidade objetiva, uma vez que, mesmo sendo o caso de imputação independente de culpa, no caso concreto verifica-se a presença do comportamento doloso".

um ganho bem maior do que indenização por dano moral. Diante disso, não se pode concordar com o benefício da própria torpeza.

Com efeito, tem-se registrado ao longo deste estudo que as posturas contrárias ao Direito não podem transmitir sensação de satisfação ao agente – cuja aposta é na impunidade (em sentido de ausência de consequências sancionatórias e dissuasórias do ilícito) –, sob pena de estímulo ao infrator, já que o ilícito compensa economicamente.

Nesse sentido, "o proveito do ofensor com a realização do dano, de modo a evitar que a função dissuasória na indenização veja-se frustrada pelo fato de o valor fixado ser inferior àquele obtido em razão do evento danoso", deve ser critério de quantificação do dano extrapatrimonial (MIRAGEM, 2015, s/p).

Por essa lógica, a responsabilidade civil ou se reveste de efetividade com a remoção dos ganhos ilícitos ou padece com irrisórias compensações sob pretexto de não enriquecer o lesado, visto que, "tomando por base apenas a tendência jurisprudencial do STJ, pode-se afirmar que o Poder Judiciário brasileiro tem primado por evitar o enriquecimento do consumidor. Logo, tem optado por não punir o fornecedor" (RUZON, 2011, p. 158). Acrescente-se: tem optado por não prevenir danos e não apenas em relações de consumo.

É necessário ressaltar, também, que literatura e jurisprudência tem deixado escapar a análise do enriquecimento ilícito por parte do ofensor, tolerando que este se locuplete às custas da própria torpeza, representada por transgressões a normas e violações a direitos e interesses jurídicos alheios.

A esse respeito, mostra-se possível a inclusão dos ganhos ilícitos na condenação a ser paga pelo lesante, porquanto "é claro que se pode enxergar na restituição integral dos lucros ilícitos também uma forma de pena, pois atribui à vítima valor superior ao seu efetivo dano; todavia, eventual sanção será apenas mera consequência de seu objetivo principal": evitar o enriquecimento ilícito do agente causador dos danos (LEVY, 2012. p. 111).

> Em matéria de responsabilidade civil, o TJUE há muito que impõe aos tribunais dos Estados-Membros, o cumprimento de dois princípios nucleares: o da equivalência e o da efetividade. O primeiro determina que os órgãos jurisdicionais nacionais, ao aplicarem Direito europeu, não podem colocar os sujeitos lesados numa situação pior do que a que estariam se fosse aplicada uma disposição interna análoga. O segundo impede que sejam colocados entraves que obstaculizem o exercício efetivo dos direitos reconhecidos pelo Direito europeu (CORDEIRO, 2019, p. 53).

Para o Direito brasileiro, interessa o segundo princípio – o da efetividade – que guarda semelhança com o da operabilidade. Em verdade, é crucial estabelecer efetividade para o exercício de direitos reconhecidos a partir do ordenamento jurídico. Acredita-se na viabilidade da responsabilidade civil pelo ilícito lucrativo como remédio para sanar esse óbice e oferecer efetividade tanto à responsabilidade civil em si, como aos interesses e direitos estabelecidos na Lei Geral de Proteção de Dados Pessoais.

4.2.2 Investigação das decisões monocráticas do STJ a respeito do ilícito lucrativo

É interessante constatar que todas as decisões do Superior Tribunal de Justiça atinentes ao ilícito lucrativo são provenientes do Tribunal de Justiça do Estado de São Paulo. A mais recente delas (TutPrv no REsp 1831519 – SP[36]), publicada em 02 de outubro de 2020, somente registra *ilícito lucrativo* no texto do acórdão do Tribunal de Justiça, o qual julga litígio entre empresas com aplicação da Lei de Propriedade Industrial, tendo constado como critério de fixação do dano moral. Segue um recorte:

> Em relação à condenação ao pagamento de indenização por danos morais, considerando-se, sobretudo, (a) a extensão da violação dos réus, que importaram 8.252 mochilas contrafeitas; (b) sua capacidade econômica; e (c) o ilícito lucrativo que deve ser coibido, isto considerado, fixo a reparação por danos morais em R$ 50.000,00, devidos às autoras pela ré.

O julgado, portanto, a despeito de se tratar de demanda entre pessoas jurídicas com incidência da Lei de Propriedade Industrial, incluiu o ilícito lucrativo no dano moral e não como modalidade opcional de *lucro cessante*, como previsto nessa Lei. Vê-se aplicada, a propósito, função de desestímulo no dano moral, uma vez que o fim almejado foi de coibir ilícito lucrativo. Contudo, não se apurou (tampouco houve determinação para isso em liquidação de sentença) o montante do ilícito lucrativo para transferi-lo ao titular.

Nessa linha, há outras treze decisões[37], também com citação restrita do acórdão recorrido, proferido como resultado de ação entre empresas em contenda, sobretudo por concorrência desleal, com incidência da Lei de Propriedade Industrial. Ainda assim, despertam interesse por alguns pontos. Destaca-se a presença do uso do *ilícito lucrativo* como acima exposto, isto é, para quantificar o dano moral. Porém, em algumas das decisões, de forma semelhante à referida, houve registro associado ao dano material, ainda que de maneira indireta. Segue um exemplo:

---

36. Disponível em: https://ww2.stj.jus.br/processo/dj/documento/mediado/?tipo_documento=documento&componente=MON&sequencial=114712448&num_registro=201902347886&data=20201002.
37. AREsp 933469-SP [Ministro Lázaro Guimarães (Desembargador convocado do TRF 5ª Região) – 02.03.2018], AREsp 1279027-SP (Ministro Marco Aurélio Bellizze – 24.05.2018), AREsp 1238618-SP (Ministro Marco Buzzi – 03.08.2018), REsp 1721348-SP (Ministro Antonio Carlos Ferreira – 27.11.2018), AREsp 1397747-SP (Ministro Luis Felipe Salomão – 04.12.2018), AREsp 1450872-SP (Ministro Luis Felipe Salomão – 09/04/2019), AREsp 1191698-SP (Ministro Paulo de Tarso Sanseverino – 30.04.2019), AREsp 1522121-SP (Ministro João Otávio de Noronha – 08.10.2019), AREsp 1439354-SP (Ministro Marco Aurélio Bellizze – 20.03.2020), AgInt no AREsp-SP 966886 (18.12.2017) convertido no REsp 1726712-SP (Ministro Marco Buzzi – 30.04.2020), AREsp 1090193-SP (Ministro Ricardo Villas Bôas Cueva – 02.04.2020), AREsp 1369263-SP (Ministro Paulo de Tarso Sanseverino – 29.06.2020).

Danos materiais devidos e oriundos da ilicitude que advém da violação da marca e da concorrência desleal, não ficando o prejuízo adstrito à sua efetiva comprovação na fase de conhecimento e podendo ser apurado, em conformidade com a lei, na execução da sentença. Imperiosidade de pagamento do que pagaria se tivesse adquirido o licenciamento para uso da marca da autora. *Quantum* que se apurará em execução nos termos do art. 210, I a III, da Lei 9279/96. Dano moral que, tanto quanto o material pelo uso parasitário da marca, é presumido. Lesão à honra, reputação e imagem da autora que, ao lado do uso parasitário do nome da sociedade empresária, deve ser indenizado para prestígio da marca e do nome e em benefício do consumidor. Teoria do "ilícito lucrativo" mencionada em embargos infringentes em que prevaleceu a tese sustentada. Arbitramento em R$ 50.000,00 que se ajusta aos parâmetros da jurisprudência (REsp 1726712-SP).

Noutro caso que se destaca, o Ministro Luis Felipe Salomão[38] (AREsp 1450872-SP) fez constar a parte do acórdão recorrido em que se impôs proibição "do uso da marca *Tok & Stok* como palavras-chave para remissão a anúncios da concorrente *Westwing* no site de pesquisas do réu Google", bem como condenou a pagamento de indenização por danos materiais e morais com a menção de que "Ilícito lucrativo que merece reprimenda, através da fixação de indenização por danos morais".

Registre-se a finalidade de repressão contida na decisão como igualmente utilizada em outras tantas. Em suma, para o escopo aqui pretendido, salientam-se os aspectos de inclusão do ilícito lucrativo no dano moral para coibir e reprimir, levando infrator a não mais praticar o ilícito bem como, simultaneamente, para – em liquidação de sentença – apurar danos materiais. Acrescente-se que duas dessas decisões determinaram reautuação do agravo como recurso especial para melhor apreciação (AREsp 1090193-SP e AREsp 1369263-SP) e que merecem acompanhamento.

Em adição a tais decisões, foram encontradas vinte e duas com aplicação do Código de Defesa do Consumidor, bem como envolvendo plano de saúde. Dessas, uma curiosa decisão (REsp 1692910-SP) menciona a base das outras vinte e uma[39] para não reconhecer dano moral:

> Desequilíbrio contratual no exercício abusivo do direito que se evidencia na desigualdade material de poder. Prestadora que confunde boa-fé com interesse próprio. Menoscabo com o consumidor. Lesão à dignidade humana. Interpretação que fere a boa-fé objetiva e contrapõe-se à função social do contrato (arts. 421 e 422 do Cód. Civil). Conduta que a doutrina moderna caracteriza como ilícito lucrativo. Incidência dos arts. 4º, "caput", 7º, 46, 47 e 51, IV, do CDC. Cobertura devida. Atraso no cumprimento da liminar verificado. Pretensão ao afastamento da multa cominatória que não convalesce. Sentença mantida. Danos morais. Não caracterização. A chave funcional do dano moral está no princípio constitucional e fundamental da dignidade da pessoa humana (art. 1º, inciso III, da Carta da República).

Observamos que apesar de destacar a presença de "lesão à dignidade humana", bem como que a "chave funcional do dano moral está no princípio" da dignidade

---

38. Disponível em: https://ww2.stj.jus.br/processo/revista/documento/mediado/?componente=M ON&sequencial=94323213&num_registro=201900428040&data=20190409.
39. Muitas delas utilizam a mesma frase: "conduta que a doutrina moderna caracteriza como ilícito lucrativo", referindo-se ao menoscabo pelo consumidor com lesão relacionada à dignidade humana.

humana, não houve caracterização do dano moral. Anotamos que esse trecho, como os demais que citam ilícito lucrativo, estão contidos no interior do acórdão recorrido e não propriamente em menção feita diretamente por um ministro do Superior Tribunal de Justiça. Nesse aspecto, revela-se prudente a pesquisa no Tribunal de origem de todas as mais de trinta decisões.

No Tribunal de Justiça de São Paulo, foram encontrados oitocentos e oito resultados para *ilícito lucrativo*, dos quais seiscentos e cinquenta e sete envolvem *dano moral* e trezentos e setenta incluem *Código de Defesa do Consumidor*. Uma das oitocentas e oito respostas refere-se a dados pessoais, porém apenas para mencionar que não teria havido utilização destes por terceiros, mas em benefício próprio. Segue a ementa[40]:

> Seguro facultativo de vida e acidentes pessoais. Contratação fraudulenta em nome da autora, com débito de valores em sua conta bancária para pagamento do prêmio. Demanda declaratória negativa acolhida, com reconhecimento da inexistência de relação jurídica entre as partes mas denegação de verba reparatória por ofensa extrapatrimonial. Inconformismo da autora. Dano moral caracterizado. Fraude que não foi praticada também contra a ré, mas por ela, por meio de seus agentes. Ilícito, pois, diretamente imputável à seguradora, em termos dolosos. Prática intencional de lesar o consumidor que configura em si mesma ofensa à dignidade da pessoa humana e que justifica compensação por si mesma, independentemente de qualquer outra consideração. Dano moral, nesse caso específico, *in re ipsa*. Autora, que de toda forma, é idosa e vive de modesta pensão previdenciária. Sofrimento e aflição presumíveis ao constatar a subtração de valores de sua conta. Sentença parcialmente reformada para efeito de concessão à autora de indenização a esse título. Apelo da autora provido (TJSP; Apelação Cível 1014540-64.2017.8.26.0576; Relator (a): Fabio Tabosa; Órgão Julgador: 29ª Câmara de Direito Privado; Foro de São José do Rio Preto – 8ª Vara Cível; Data do Julgamento: 19.02.2020; Data de Registro: 20/02/2020).

Consta do relatório que "a reparação tem acentuado caráter sancionatório, mais que propriamente reparatório, até mesmo para se evitar que, limitando-se a compensação a prejuízos concretamente evidenciados, se possa chegar em muitos casos a resultado pífio, dando margem ao denominado ilícito lucrativo". Uma vez mais, a expressão é utilizada como ponto argumentativo para fixação do montante a ser pago, entretanto sem determinar a remoção dos ganhos indevidos com o destino ao lesado.

Apesar de compreender que se trata de avanço, a inserção como uma espécie de reforço de argumento para majorar os pífios valores, há perigo no horizonte. Cabe esclarecer, o quanto antes, a responsabilidade civil pelo ilícito lucrativo, com intuito de evitar seu uso desprovido de técnica, isto é, o Judiciário deve, quando for o caso, reconhecer a presença de situação a ensejar a indenização com a remoção dos ganhos indevidos, referindo-se à tal finalidade. É preciso determinar que seja levantado o proveito do ofensor para promover sua transferência ao lesado.

---

40. Disponível em: https://esaj.tjsp.jus.br/cjsg/getArquivo.do?cdAcordao=13336777&cdForo=0.

4.2.3 A efetividade da responsabilidade civil pelo ilícito lucrativo como remédio no intuito de priorizar a concretude da LGPD

Acredita-se na importância das menções aos proveitos indevidos como força argumentativa para fixação de valores condenatórios, mormente nos danos morais, que são tão presentes nas violações à privacidade, à defesa do consumidor e aos dados pessoais. No entanto, somente vislumbramos efetividade mediante adequada aplicação da restituição dos ganhos indevidos, cujos estudos de traços característicos passam por caminho a ser percorrido em confluência com os danos na Lei Geral de Proteção de Dados Pessoais.

Ao perquirir a viabilidade, no direito português, da remoção de ganhos ilícitos pela responsabilidade civil, Henrique Sousa Antunes (2019, p. 128-129) analisa as Diretivas 2004/48[41] (referente direitos de propriedade intelectual) e 2016/943[42] (tocante a segredos comerciais). Na primeira, destaca que "os lucros indevidos pelo infrator constituem uma consequência económica negativa relevante, um dado que vincula as autoridades judiciais na fixação do montante da indemnização". Da mesma forma, como fator de desestímulo à divulgação de segredo comercial, a Diretiva 2016/43, prevê a inclusão de todos fatores no quanto indenizatório, "como a perda de rendimentos do titular do segredo comercial ou os lucros do infrator".

> Temos defendido que a noção de indemnização dada pelo direito português é compatível com o caminho que os regimes atrás referidos procuram trilhar. Afinal, dá-se cumprimento a uma dimensão relacional que anima a indemnização. Reconheça-se, porém, que, em nossa opinião, o resgate do proveito obtido pelo agente acompanha até o entendimento mais tradicional sobre a indemnização, considerando que o lucro ilicitamente obtido constitui um dano não patrimonial autónomo sofrido pelo lesado (ANTUNES, 2019, p. 129-130).

Ainda no direito europeu, o Regulamento Geral de Proteção de Dados pessoais traz uma série de *considerandos* a abordar os danos[43], com destaque para o de número 146, pelo qual deve ficar "assegurada a indemnização integral e efetiva do titular de dados pelos danos que tenha sofrido". É interessante, também, anotar que o de número 148 entende que se deve "ter em devida conta a natureza, gravidade e duração da infração, o seu caráter doloso, as medidas tomadas para atenuar os danos sofridos" com objetivo de abrandar sanções aos infratores. Não se encontrou, todavia, a mesma ponderação em sentido oposto.

Nada obstante se reportar, o abrandamento referido, a sanções administrativas, percebe-se a unilateralidade da ponderação em benefício do causador da infração (próximo do Código Civil brasileiro, no tocante à responsabilidade civil). Dessa forma, a fim de evitar que seja transportada a questão para responsabilidade civil, é

---

41. Disponível em: https://eur-lex.europa.eu/legal-content/PT/TXT/PDF/?uri=CELEX: 32004L0048R(01)&-from=EN.
42. Disponível em: https://eur-lex.europa.eu/legal-content/PT/TXT/?uri=CELEX%3A32016L0943.
43. Entre outros: 49, 75, 83, 94.

necessário sopesar, por exemplo, a eventualidade de se estar diante de microlesões reiteradas a uma gama de titulares cujos direitos precisam ser preservados. Tal desequilíbrio, abordado anteriormente, deve ser revertido.

Um caminho para isso está na teoria do ilícito lucrativo, que "tem como objetivo atuar no desequilíbrio dessa fórmula malévola. A desproporção entre uma concepção tradicional da *restitutio in integrum* e os lucros hoje auferidos com alguns ilícitos exige uma revisão de conceitos" (LEVY, 2012, p. 109).

Essa reavaliação precisa passar pela ressignificação do princípio da reparação integral. "Se o que se busca é maximizar a tutela da pessoa, restringir o preenchimento filosófico do princípio da reparação integral à concepção de justiça corretiva é limitar a sua operabilidade, bem como ignorar um aspecto de eticidade e de socialidade" (PAVAN, 2020, p. 231).

Vislumbra-se, pois, entrada ao percurso revisional do conceito do princípio da reparação integral – contribuindo com os princípios da operabilidade, socialidade e eticidade – nas situações suscetíveis a danos com aplicabilidade da LGPD.

Sem perder de vista o ativo financeiro implicado, são três as principais razões: a base principiológica insculpida no diploma legal, a instrumentalização da norma para fins de alcançar efetividade e o regime de responsabilidade civil adotado.

A Lei Geral de Proteção de Dados Pessoais tem uma estrutura que permite um coerente entrelace de seus dispositivos, contribuindo para que os "princípios indicados encontrem graus de concretude na própria lei" (OLIVEIRA; LOPES, 2020, s/p). Nesse aspecto, levando-se em conta que são fundamentos da proteção de dados o respeito à privacidade, bem como a inviolabilidade da intimidade, da honra e da imagem (artigo 2º, I e IV), tem-se o princípio da segurança, ladeado a esparsos artigos e o capítulo VII (sobre segurança e boas práticas) para salvaguardá-los.

Assim sendo, as atividades de tratamento de dados devem ser adequadas para assegurar proteção contra lesões[44] para preservar a integridade dos fundamentos legais. De outra sorte, tem-se "que o 'direito' de acesso abrange a prerrogativa de revisão, retificação, atualização e supressão dos dados pessoais" (SOUZA; SILVA, 2019, p. 10). "Ao princípio da prevenção, ajustam-se os arts. 32, 49 e 50. Por fim, relacionam-se ao princípio da responsabilidade nos termos delineados na LGPD o art. 10, § 3º; o art. 31; o art. 32; o art. 42; o art. 44; e, finalmente, o art. 45" (OLIVEIRA; LOPES, 2020, s/p).

As interseções ao longo da Lei, de fato, instrumentalizam a efetividade dos direitos. "Esse imprescindível encadeamento – eminentemente dialético – de valores, com diversos graus de especificidade, é fundamental para que se possa aferir o merecimento de tutela do exercício dos remédios previstos pela LGPD" (SOUZA; SILVA, 2019, p. 11). Por sua vez, o "direito a danos tem uma especificidade clara e

---

44. Caso aconteçam lesões, que sejam o menos possível e com diminuta repercussão nos direitos alheios.

distinta se analisado do ponto de vista do remédio típico que lhe é paradigmático: as ações de reparação e compensação de danos. Os remédios dão unidade ao direito a danos"[45] (CODERCH, 2019, p. 39, tradução nossa).

Embora o elevado alicerce do diploma em comento encontre, na construção dessa rede de proteção, um solo fértil, há – nesse trilho – porta aberta pela Lei para suprir suas lacunas que nem mesmo sua interconexão resolva. Por conseguinte, a Lei se conservaria como apropriado mecanismo na prevenção de danos decorrentes da violação de dados.

Com efeito, o diálogo das fontes propicia a imediata recepção de novas situações jurídicas que venham a ser normatizadas, bem como a pronta saída para solucionar casos que tangenciem outras leis, em que eventual e melhor resposta esteja na conjugação de normas com a LGPD. Assim é o caso da responsabilidade civil nas hipóteses de tratamento irregular pelo encarregado, a responder em solidariedade com o controlador, sob a égide da norma de proteção de dados, do Código Civil e, não raras vezes, também de outras legislações.

Percebe-se, assim, que tanto a responsabilidade civil quanto a Lei Geral de Proteção de Dados Pessoais buscam por efetividade. Deveras, há escopo de concretude na LGPD, o que se revela um ponto fundamental na ressignificação do princípio da reparação integral cuja utilização, para autorizar o benefício da própria torpeza pelo transgressor, é contrária ao Direito, tirando-lhe coerência e efetividade. Deve-se, pois, como salientado por Daniel de Andrade Levy (2012, p. 110) ao se referir aos estudos de Rodolphe Mèsa, alargar a concepção.

> Prefere o autor, nesses casos, ampliar o conceito de reparação integral, a fim de abranger não apenas os efetivos prejuízos sofridos pela vítima, mas também a restituição de todos os benefícios indevidamente auferidos pelo agente ofensor. Ao contrário dos danos punitivos, a consagração de um "princípio de restituição integral dos lucros ilícitos" (é a expressão do autor) seria mais eficaz, mesmo sem ter o caráter repressivo da indenização sancionadora.

Aborda essa questão Nelson Rosenvald (2019, p. 450-456), para quem é preciso nova leitura ao princípio, tornando-o apto para (r)estabelecer o desequilíbrio violado, utilizando o remédio tradicionalmente adotado – o compensatório – com o escopo de restabelecer o ofendido à situação *pré-dano*; "mas também pelo resgate de lucros antijurídicos e restituição de benefícios indevidos (restaurando-se o ofensor à situação anterior ao ilícito)" (ROSENVALD, 2019, p. 456).

Nesse aspecto, o *princípio da restituição integral dos lucros ilícitos* encontra guarida na Lei Geral de Proteção de Dados Pessoais, que busca pela operabilidade e municia a responsabilidade civil, outorgando-lhe novo patamar ligado à presta-

---

45. No original: "el derecho de daños tiene una especificidad clara y distinta si se analiza desde el punto de vista del remedio típico que le es paradigmáticamente propio: las acciones de reparación e indemnización de daños. Los remedios dan unidad al derecho de daños".

ção de contas e, portanto, à prevenção de dano, com dever agregado de adoção de medidas aptas a tal fim.

A bem da verdade, os institutos do Direito não podem ser utilizados em contrassenso com o sistema que integram. A responsabilidade civil visa ao equilíbrio e à harmonização. A leitura, portanto, deve se dar em conformidade com o ordenamento, sob a orientação da Constituição Federal, que garante como fundamento e objetivo da República, respectivamente, a dignidade da pessoa humana e a construção de sociedade livre, justa e solidária. Acrescente-se que é direito fundamental a indenização por dano.

Destarte, a construção de sociedade livre, justa e solidária, com respeito à dignidade da pessoa humana, exige que o direito fundamental de indenização por dano tenha efetividade, o que é inalcançável sem o novo olhar para a reparação integral, dessa vez concebida de modo coerente com todo sistema jurídico, não apenas com base em um artigo do Código Civil.

Sim, a indenização deve ser medida pela extensão do dano. Entretanto, não é admissível que esse dispositivo legal seja isoladamente analisado para autorizar que transgressores não apenas obtenham proveitos indevidos, mas também conservem ganhos ilícitos, a pretexto de suposto equilíbrio com a extensão do dano. Se há ilícito, não há equilíbrio restabelecido com a manutenção do enriquecimento do causador do ilícito.

Mais do que permitir que o lesante se beneficie da torpeza, há colaboração para que o faça utilizando instituto criado para se contrapor aos danos e aos ilícitos que causa. Ainda que o Direito tenha sido utilizado para admitir tal hipótese, uma vez aclarada a situação, não é crível, tampouco defensável a permanência de um apego pinçado em defesa do transgressor.

De fato, o novo olhar para responsabilidade civil permite, ou melhor, obriga à ressignificação do princípio restritivo de direito de indenização, desconstruindo sua ultrapassada visão para lhe atribuir constitucionalidade. Essa qualidade determina que se imponha verdadeira construção de remédio apto a remover os ganhos ilícitos do transgressor, notadamente, como medida para prevenir reiteradas condutas antijurídicas.

A LGPD corrobora, expressamente, o passo adiante na responsabilidade civil pelo ilícito lucrativo, mormente a partir de seu conjunto explícito de princípios, ladeados por demais dispositivos legais que instrumentalizam a desejada concretude de proteção a direitos fundamentais e da personalidade.

É daqui que se vislumbra mais uma contribuição para esse desiderato: a responsabilidade civil proativa da Lei Geral de Proteção de Dados Pessoais. Por tal regime, considera-se lesante não apenas quem, realmente, causa a lesão, mas também aquele que, por inércia, a permite. Volta-se, assim, à instrumentalização e à base principiológica.

A partir do princípio da responsabilidade e da prestação de contas, o legislador colacionou medidas aptas a nortearem a atuação dos agentes envolvidos. Nessa seara, determina-se minimização de tratamento, com os princípios da finalidade, adequação e necessidade, mas não só. Veja-se a imposição de serem adotadas medidas[46] de proteção de dados, desde a concepção[47] do produto ou serviço até sua execução[48].

À vista disso, a imposição de movimento concreto para salvaguardar a privacidade e a proteção de dados inaugura novo patamar para responsabilidade civil. Seria, portanto, incoerente a leitura estanque do instituto em si, ainda que diante de novo regime com que é premiado o ordenamento jurídico. Por outro lado, a coerência está em atribuir efetividade à responsabilidade civil, com o impedimento de que o transgressor se beneficie de sua obscenidade.

Em outros termos, a responsabilidade proativa decorre de estabelecimento de medidas capazes de assegurar com eficácia a proteção de dados com tratamento regular e consoante as normas, bem como de controle que demonstre a eficácia das medidas tomadas. É impossível enxergar coerência entre tamanha exigência e a hipótese de admitir que o lesante mantenha-se com o ganho indevido.

Ao contrário, a LGPD pretende, sobretudo com a responsabilidade civil, que o ilícito seja evitado, que as atividades de tratamento tenham por base a boa-fé e seus princípios, como o da segurança[49] e da prevenção[50], os quais impõem adoção e utilização de medidas que protejam os dados de tratamento indevido e previnam a ocorrência de danos. Tal sistema é absolutamente incompatível com o prêmio ao infrator, que teria cheque assinado para ficar com ganhos decorrentes da violação das citadas normas.

Essa situação ganha relevo, justamente pela natureza dos direitos em pontencial lesados, sobretudo os extrapatrimoniais, diante de relevante ativo financeiro.

---

46. "Art. 46. Os agentes de tratamento devem adotar medidas de segurança, técnicas e administrativas aptas a proteger os dados pessoais de acessos não autorizados e de situações acidentais ou ilícitas de destruição, perda, alteração, comunicação ou qualquer forma de tratamento inadequado ou ilícito".
47. O que encontra eco no Regulamento europeu, no artigo 25º, 1: "Tendo em conta as técnicas mais avançadas, os custos da sua aplicação, e a natureza, o âmbito, o contexto e as finalidades do tratamento dos dados, bem como os riscos decorrentes do tratamento para os direitos e liberdades das pessoas singulares, cuja probabilidade e gravidade podem ser variáveis, o responsável pelo tratamento aplica, tanto no momento de definição dos meios de tratamento como no momento do próprio tratamento, as medidas técnicas e organizativas adequadas, como a pseudonimização, destinadas a aplicar com eficácia os princípios da proteção de dados, tais como a minimização, e a incluir as garantias necessárias no tratamento, de uma forma que este cumpra os requisitos do presente regulamento e proteja os direitos dos titulares dos dados".
48. "Art. 46 [...] § 2º As medidas de que trata o caput deste artigo deverão ser observadas desde a fase de concepção do produto ou do serviço até a sua execução".
49. "Art. 6º As atividades de tratamento de dados pessoais deverão observar a boa-fé e os seguintes princípios: [...] VII – segurança: utilização de medidas técnicas e administrativas aptas a proteger os dados pessoais de acessos não autorizados e de situações acidentais ou ilícitas de destruição, perda, alteração, comunicação ou difusão".
50. "VIII – prevenção: adoção de medidas para prevenir a ocorrência de danos em virtude do tratamento de dados pessoais".

Deve-se proceder à perseguição do ganho indevido para retirá-lo do infrator. É inaceitável que a violação de privacidade e de dados pessoais continue a movimentar vultosas quantias, mesmo quando descoberta. Quando identificado o tratamento indevido que ocasiona dano, deve-se estabelecer a remoção dos ganhos indevidos como critério de quantificação do dano a ser pago ao lesado.

Embora, o sistema de proteção de dados seja passível de recepcionar a responsabilidade civil pelo ilícito lucrativo, apresentamos sugestão para alteração da LGPD.

4.2.4 Proposta de alteração da LGPD

A Lei Geral traz um sistema integrado que permite a condenação do lesante em pagar ao lesado a quantia que foi gerada, ilicitamente, a partir de violação à proteção dos dados do lesado. De toda forma, defendemos tornar mais clara e segura a previsão legal, com a expressa recepção da responsabilidade civil por ilícito lucrativo.

De fato, há outras maneiras para também aperfeiçoar a legislação. A primeira alteração que sugerimos é no artigo 42 da LGPD, para suplantar qualquer dúvida quanto à responsabilidade objetiva e solidária, inclusive o encarregado, passando a redação a ser a seguinte:

> Art. 42. Os agentes de tratamento que, em razão do exercício de atividade de tratamento de dados pessoais, causarem a outrem dano material, imaterial, individual ou coletivo, em violação à legislação de proteção de dados pessoais, são obrigados a repará-lo.
>
> § 1º A fim de assegurar a efetiva indenização ao titular de dados e/ou a terceiro lesado:
>
> I – Os agentes de tratamento respondem objetiva e solidariamente pelos danos causados pelo tratamento irregular, bem como quando descumprirem as obrigações da legislação de proteção de dados, salvo nos casos de exclusão previstos no art. 43 desta Lei;
>
> II – Os agentes de tratamento são solidariamente responsáveis pelos atos de seus prepostos ou representantes autônomos;
>
> III – O controlador é solidariamente responsável pelos atos de seus encarregados;

A redação dos §§ 2º ao 4º poderia ser preservada, sendo acrescido, para o fim de quantificação do dano, o que segue:

> Art. 42-A A indenização mede-se pela extensão do lucro ilícito alcançado pelo responsável em decorrência da conduta lesiva, ainda que superior ao dano individualmente considerado.
>
> § 1º Considera-se lucro ilícito o benefício advindo ao ofensor, que compreende a economia gerada e os ganhos percebidos, devendo o magistrado determinar a remoção destes, transferindo-os ao lesado.
>
> § 2º Deve-se promover o retorno do ofensor à condição anterior ao ilícito praticado, não se admitindo o benefício da própria torpeza.
>
> § 3º Na impossibilidade de ser aferido o montante exato do lucro ilícito, a condenação será feita por arbitramento, podendo o magistrado considerar, com o fim de que a responsabilidade civil pelo ilícito lucrativo tenha efetividade, a condição econômica do ofensor, entre outros parâmetros do § 1º do artigo 52 desta Lei.

§ 4º Na impossibilidade de identificar o montante obtido ilicitamente, mas diante da viabilidade de se aferir o tempo em que os dados foram utilizados, a condenação poderá ser fixada com base no lucro líquido por unidade de tempo, a partir do correspondente a um minuto do lucro líquido do ofensor.

§ 5º Nas hipóteses dos §§ 3º e 4º, o ofensor poderá, no prazo da intimação, demonstrar o lucro ilícito obtido no caso apurado, prevalecendo a demonstração fidedigna sobre o arbitramento.

Com isso, a repsonsabilidade civil poderá reunir condições de efetividade, promovendo o reequilíbrio então violado e prevenindo novas lesões. Por esse ângulo, Bruno Miragem (2015, s/p) destaca a capacidade ecônomica do lesante como um critério possível na quantificação do dano extrapatrimonial, com intuito de que a indenização desestimule a prática reiterada de condutas antijurídicas. Busca-se, assim, manter o foco na prevenção de danos praticados pelo lesante ou mesmo por terceiros, levando-os a adotar postura que evite ocorrência de prejuízos alheios.

5
CONCLUSÃO

O veloz acesso às variadas informações, em inimaginável volume, torna presente o cruzamento de dados pessoais à disposição nos meios virtuais, o que instrumentaliza detentores da informação e expõe os titulares dos dados a situações de risco. Entre elas estão as que envolvem direitos fundamentais e da personalidade como a não discriminação, a proteção de dados e a privacidade, identificada como a faculdade de a pessoa natural controlar as informações que lhe são pertinentes.

É fato que avanços tecnológicos causaram impactante crescimento em múltiplos setores, em especial nos relacionados à comunicação. A sensação é de que toda e qualquer informação e consumo pode ser acionada instantaneamente.

Tal realidade possui como vertente as atividades de tratamento de dados, com riscos a direitos dos titulares e de terceiros. Com o advento da Lei Geral de Proteção de Dados, esse debate avançou nas preocupações, cuidados e responsabilidades acerca dos dados pessoais, cuja proteção é reconhecida como direito fundamental e da personalidade. Foi ultrapassada, por conseguinte, a situação de contar apenas com normas fragmentadas na sociedade da informação, em uma economia movida a dados.

A Lei 13.709/2018 disciplina o tratamento de dados pessoais com o objetivo de protegê-los, o que é possível por meio da garantia do respeito aos direitos fundamentais de privacidade e de liberdade, bem como do livre desenvolvimento da personalidade. No intuito de cumprir esse anseio, são estipulados fundamentos da proteção de dados e princípios das atividades de tratamentos que, ao lado da boa-fé, deverão ser observados pelos agentes de tratamento.

Em um cenário como esse, a Lei Geral forma uma teia de proteção, em que cada fundamento está ligado a um direito do titular de dados que, por sua vez, conecta-se a um princípio, estabelecendo um todo coerente que confere efetividade e concretude na proteção de dados pessoais.

Como demonstrado, além da pretendida coerência interna, há mecanismo legal para convivência pacífica dessas determinações com outros direitos e princípios constantes do ordenamento, em impactante pluralismo de fontes legislativas. Assim, fica evidente a utilidade do método do diálogo das fontes, com a concomitante vigência e aplicabilidade normativa a uma mesma situação.

Por conseguinte, pode haver aplicação simultânea e harmônica da Lei Geral de Proteção de Dados e do Código de Defesa do Consumidor (e, eventualmente, de outra legislação pertinente), desde que orientada pela Constituição Federal, com o escopo de realizar direitos fundamentais de proteção de dados e de promoção da defesa do consumidor.

Atesta-se a determinação ao Estado para que se promova a defesa do consumidor, inclusive e notadamente, do titular de dados pessoais, cuja proteção também é direito fundamental autônomo. Nessa seara, o consumidor, com inerente vulnerabilidade reconhecida, possui arcabouço jurídico para enfrentar suas condições de desigualdade. Reitera-se que a vulnerabilidade é agravada no caso da pessoa natural encontrar-se, ao mesmo tempo, nas condições de consumidor e titular de dados. Em contrapartida, dispõe de ambas normas em diálogo para construção de sua defesa.

Ademais, a defesa do consumidor é um dos fundamentos da proteção de dados. Como se viu, o diálogo das fontes está presente na Lei Geral de Proteção de Dados Pessoais, com abertura a outras fontes legislativas, favorecendo que intrincada rede de proteção garanta respeito aos dados pessoais. Eventuais violações não podem passar incólumes e, assim, é instigante a possibilidade de diálogo para enfrentamento de situações em que o encarregado viole direitos e cause danos a titulares de dados em relações de consumo.

Por outro lado, a literatura jurídica investiga a situação do ofensor que obteve ganhos a partir de atos ilícitos a qual, pareada à imprescindibilidade de haver uma resposta a não permitir que isso aconteça (ou assim permaneça), situa o problema entre enriquecimento sem causa e responsabilidade civil. É necessário o enfrentamento do problema para que haja a remoção dos proveitos indevidos, tanto em questões patrimoniais quanto e, principalmente, naquelas que envolvem direitos da personalidade.

Assim, sobressai-se a viabilidade averiguada para que a remoção de ganhos ilícitos diante de violações a direitos da personalidade, como (os correlatos a) a privacidade, seja um remédio para conferir concretude à proteção dos dados pessoais. Ressalta-se, na construção da temática, que o instituto eleito para a solução do caso é a responsabilidade civil, que precisa superar a dificuldade de restituir o ganho indevido quando em montante superior ao prejuízo.

Para isso, a responsabilidade civil pelo ilícito lucrativo não se utiliza da função punitiva, pois não agrava a situação patrimonial do lesante, apenas o devolve à situação anterior à prática do ilícito, removendo-lhe o proveito obtido. A partir da concepção da responsabilidade civil, tem-se a atribuição de consequência de indenização do dano àquele que o causa a partir de um ato ilícito, com o escopo de restabelecer equilíbrio violado, bem como o de prevenir novos atos ilícitos e evitar novos prejuízos.

Avança-se, destarte, na maleável capacidade de ressignificação da responsabilidade civil examinada para além dos requisitos. Se o instituto caminha para alcançar o objetivo de restabelecer o equilíbrio até com seus elementos intrínsecos, o que dirá de suas funções, com evolução coerente à sua adaptabilidade, mormente com os novos olhares.

Em verdade, não se pode mais conceber a responsabilidade civil com função única, acima de tudo na sociedade da informação. Aqui vale lembrar que a Lei Geral de Proteção de Dados Pessoais estabelece como princípio, em seu artigo 6º, inciso VIII, a prevenção ("adoção de medidas para prevenir a ocorrência de danos em virtude do tratamento de dados pessoais"). Nos tempos atuais, a velocidade não se coaduna com a responsabilidade civil estanque, porém com aquela que mantém sua essência e amplia seus horizontes, o que, na prática, contribui significativamente para que essa essência seja preservada.

Com o exame da responsabilidade civil, pode-se avançar no foco de incluir a restituição dos lucros ilícitos no interno desse instituto, com base em suas funções compensatória e preventiva. Dessa forma, quando presentes os pressupostos (conduta do agente, dano e nexo de causalidade) e o ilícito lucrativo, o remédio a ser utilizado será a responsabilidade civil com a condenação da restituição do ilícito lucrativo.

A responsabilidade civil, preenchidos seus pressupostos e observada a presença de proveitos indevidos ao transgressor em importe, além do dano, é o remédio a ser utilizado para emblemática situação, devendo ser observado que o parágrafo único do artigo 944 do Código Civil autoriza resposta ao dano em soma diversa do prejuízo efetivamente sofrido. Em atenção à proporcionalidade e ao escopo da responsabilidade civil, o princípio da reparação integral passa a ter coerência com o ordenamento jurídico (em especial com a Constituição Federal, que determina a apreciação pelo Judiciário de ameaça de lesão), sendo autorizada a restituição dos lucros ilícitos ainda que em valor superior ao dano.

A Lei 13.709/2018 protege e cria mecanismos para salvaguardar as informações das pessoas naturais, desafiador papel para cumprir, eis que engloba intangíveis direitos fundamentais e da personalidade. De fato, eventuais práticas de violação desses direitos e interesses podem passar despercebidas pelos lesados. Em enfrentamento a essa situação, o princípio da responsabilidade e da prestação de contas, acompanhado dos dispositivos da Lei, pode e deve permitir transparência, que é princípio expresso na LGPD.

Por conseguinte, almeja-se tornar palpável e possível o abrigo desses direitos e interesses, o que é necessário à prevenção e ao confronto de lesões, não mais permitindo que os ganhos derivados do uso indevido de dados fiquem com o ofensor.

Apesar da Lei Geral de Proteção de Dados Pessoais referir-se a risco em variadas passagens, parte da literatura tem se posicionado no sentido de que seria referente à responsabilidade civil subjetiva, muito pela falta de clareza do tema. Contudo, afirmamos que o retorno à subjetividade representaria um passo atrás na responsabilidade civil, haja vista que tal modalidade foi superada também com a LGPD, para a qual basta que a violação da segurança à proteção de dados (ou da legislação correlata) cause dano para que haja responsabilidade do agente. Não está expresso "independente de culpa", porém está o risco e isso atrai a responsabilidade civil objetiva.

Entretanto, apesar da lei utilizar o gerenciamento de riscos como instrumento, o seu foco é garantir a segurança nas atividades de tratamento de dados, sendo a falha no dever de segurança o ilícito geral da LGPD, do qual pode decorrer dano. Tal situação enseja a responsabilidade civil, que, como visto, tem especial característica na Lei Geral: a proatividade.

Em verdade, é crucial estabelecer concretude para o exercício de direitos reconhecidos a partir do ordenamento jurídico. Acredita-se na viabilidade da responsabilidade civil pelo ilícito lucrativo como remédio para sanar esse óbice e para tornar efetiva tanto a responsabilidade civil em si, como os interesses e direitos estabelecidos na Lei Geral de Proteção de Dados Pessoais, um propício diploma a oferecer um passo adiante à responsabilidade civil pelo ilícito lucrativo, uma vez que faz expressa menção à prevenção de danos. É a prevenção, ao lado da compensação, que permite recepcionar, no interno da responsabilidade civil, a indenização restitutória.

Embora haja a compreensão do avanço da inclusão do ilícito lucrativo como reforço argumentativo para majorar pífios valores, com a licença do poeta Belchior, "há perigo na esquina". Convém elucidar, o quanto antes, a responsabilidade civil pelo ilícito lucrativo, com vistas a levar à segura aplicação deste pelo Judiciário, que deve, quando preenchidos pressupostos, reconhecer a presença de situação a ensejar a indenização com a remoção dos ganhos indevidos, fazendo constar da fundamentação da decisão. É preciso, então, determinar a mensuração do proveito do ofensor para promover sua transferência ao lesado, uma vez que somente se vislumbra efetividade mediante a restituição dos ganhos indevidos.

De fato, a responsabilidade proativa decorre do estabelecimento de medidas capazes de assegurar, com eficácia, a proteção de dados com tratamento regular e consoante às normas, bem como o controle que demonstre que as medidas tomadas são eficazes. A LGPD tem em vista evitar que o ilícito seja evitado, bem como que as atividades de tratamento tenham por base a boa-fé e seus princípios, como o da segurança e da prevenção.

Ratificando a coerência do sistema inaugurado pela Lei Geral, constatamos, diante de todo o exposto, que a superação do desequilíbrio causado quando o lesante conserva o proveito oriundo da violação dos dados pessoais deve acontecer por intermédio da responsabilidade civil pelo ilícito lucrativo. Esse é o caminho apropriado para remover os ganhos indevidos e, efetivamente, prevenir condutas antijurídicas, consagrando a almejada operabilidade.

REFERÊNCIAS

ALVIM, Agostinho. Do enriquecimento sem causa (1957). In: TEPEDINO, Gustavo; FACHIN, Luiz Edson (Org.). *Obrigações e contratos*: obrigações: estrutura e dogmática. São Paulo: Ed.; RT, 2011 (Coleção doutrinas essenciais, v. 1).

AMARAL, Ana Cláudia Corrêa Zuin Mattos do. *Responsabilidade civil pela perda da chance*: natureza jurídica e quantificação do dano. Curitiba: Juruá, 2015.

AMARAL, Ana Cláudia Côrrea Zuin Mattos do; ARCAIN RICCETTO, Pedro Henrique. Responsabilidade civil e sustentabilidade: normatividade em prol do meio ambiente. *Sequência*: Estudos Jurídicos e Políticos, Florianópolis, v. 38, n. 75, p. 105-128. Disponível em: https://periodicos.ufsc.br/index.php/sequencia/article/view/2177-7055.2017v38n75p105. Acesso em: 12 set. 2020.

AMARAL, Ana Cláudia Côrrea Zuin Mattos do; PONA, Everton William, Ampliando Horizontes: expansão da categoria dos danos ressarcíveis como garantia da responsabilidade jurídico-social nas relações privadas. In: KEMPFER, Marlene; ESPOLADOR, Rita de Cássia Resquetti Tarifa. (Org.). *Estudos em Direito Negocial e Sustentabilidade*. Curitiba: CRV, 2012.

ANTUNES, Henrique Sousa. Das funções reconstitutiva e punitiva da responsabilidade civil: propostas de reforma do Código Civil português. In: BARBOSA, Mafalda Miranda; ROSENVALD, Nelson; MUNIZ, Francisco (Coord.). *Desafios da nova responsabilidade civil*. Salvador: JusPodivm, 2019.

ÁVILA, Humberto. *Teoria dos princípios*: Da definição à aplicação dos princípios jurídicos. 2. ed. São Paulo: Malheiros, 2003.

BARBOSA, Fernanda Nunes. Informação: direito e dever nas relações de consumo. São Paulo: Ed. RT, 2008.

BENJAMIN, Antonio Herman V.; MARQUES, Claudia Lima; BESSA, Leonardo Roscoe. *Manual de direito do consumidor*. São Paulo: Ed. RT, 2009.

BESSA, Leonardo Roscoe. *Cadastro positivo*: Comentários à Lei 12.414, e 9 de junho de 2011. São Paulo: Ed. RT, 2011.

BIONI, Bruno Ricardo. *Proteção de dados pessoais*: a função e os limites do consentimento. Rio de Janeiro: Forense, 2019.

BOBBIO, Norberto. *Teoria do ordenamento jurídico*. Brasília: Editora Universidade de Brasília, 1996.

BODIN DE MORAES, Maria Celina. A constitucionalização do direito civil e seus efeitos sobre a responsabilidade civil. *Direito, Estado e Sociedade*, v.9, n. 29, p 233 a 258. jul.-dez. 2006.

BODIN DE MORAES, Maria Celina. *Danos à pessoa humana*: uma leitura civil-constitucional dos danos morais. 2. ed. rev. Rio de Janeiro: Editora Processo, 2017.

BODIN DE MORAES, Maria Celina. LGPD: um novo regime de responsabilização civil dito "proativo". Editorial à *Civilistica.com*. a. 8, n. 3, Rio de Janeiro, 2019. Disponível em: http://civilistica.com/lgpd-um-novo-regime/. Acesso em 23 ago. 2020.

BODIN DE MORAES, Maria Celina; QUEIROZ, João Quinelato de. Autodeterminação informativa e responsabilização proativa: novos instrumentos de tutela da pessoa humana na LGPD. *Cadernos Adenauer xx.* n. 3. Proteção de dados pessoais: privacidade versus avanço tecnológico. Rio de Janeiro: Fundação Konrad Adenauer, outubro 2019.

BLUM, Rita Peixoto Ferreira. *O direito à privacidade e à proteção de dados do consumidor*. São Paulo: Almedina, 2018.

BRAGA NETTO, Felipe. *Novo manual de responsabilidade civil*. Salvador: JusPodivm, 2019.

BRANCHER, Paulo Marcos Rodrigues; KUJAWSKI, Fabio Ferreira; CASTELLANO, Ana Carolina Heringer Costa. Princípios Gerais de Proteção de Dados Pessoais: Uma Análise dos Princípios Elencados no Art. 6º da Lei 13.709/2018 (LGPD). In: BRANCHER, Paulo Marcos Rodrigues; BEPPU, Ana Claudia (Coord.). *Proteção de dados pessoais no Brasil*: uma nova visão a partir da Lei 13.709/2018. Belo Horizonte: Fórum, 2019.

CATALAN, Marcos Jorge. Negócio jurídico: uma releitura à luz dos princípios constitucionais. *Scientia Iuris*. Disponível em http://www.uel.br/revistas/uel/ index.php/iuris/article/view/11142/9870. Acesso em: 08 ago. 2020.

CAVALIERI FILHO, Sergio. *Programa de direito do consumidor*. 3. ed. São Paulo: Atlas, 2011.

CAVALIERI FILHO, Sergio. *Programa de responsabilidade civil*. 9. ed. rev. e ampl. São Paulo: Editora Atlas, 2010.

CAVALIERI FILHO, Sergio. Responsabilidade civil no Novo Código Civil. *Revista da EMERJ*, v. 6, n. 24, 2003.

CERVEIRA, Fernanda Pessôa. Enriquecimento Sem Causa: Da Legislação Civil Atual ao Novo Código Civil. *Revista de direito do consumidor*. v. 44. ano 11. São Paulo: Ed. RT, out.-dez. 2002.

CODERCH, Pablo Salvador. Estructuración del discurso legal y fundamentos analíticos del remédio indemnizatorio em el derecho español de daños. In: CODERCH, Pablo Salvador (Ed.) et al. *Derecho de Daños*: Análisis, aplicación e instrumentos comparados. 8. ed. 2019. Disponível em: https://indret.com/wp-content/uploads/2017/10/16.10.2019.pdf.

CORDEIRO, António Barreto Menezes. Da responsabilidade civil pelo tratamento de dados pessoais. In: BARBOSA, Mafalda Miranda; ROSENVALD, Nelson; MUNIZ, Francisco. *Desafios da nova responsabilidade civil*. Salvador: JusPodivm, 2019.

COVELLO, Sérgio Carlos. Fontes das obrigações (será a alei uma delas?) (1987). In: TEPEDINO, Gustavo; FACHIN, Luiz Edson (Org.). *Obrigações e contratos*: obrigações: estrutura e dogmática. São Paulo: Ed. RT, 2011 (Coleção doutrinas essenciais, v. 1).

CRAVO, Daniela Copetti; KESSLER, Daniela Seadi; DRESCH, Rafael de Freitas Valle. Responsabilidade Civil na portabilidade de dados. In: MARTINS, Guilherme Magalhães; ROSENVALD, Nelson (Coord.). *Responsabilidade civil e novas tecnologias*. Indaiatuba, SP: Editora Foco, 2020.

DIAS, José de Aguiar. *Da responsabilidade civil*. 12. ed. rev., atualizada de acordo com o Código Civil de 2002, e aumentada por Rui Berford Dias. Rio de Janeiro: Editora Lumen Juris, 2011.

DÍEZ-PICAZO Y PONCE DE LEÓN, Luis. El abuso del derecho y el fraude de la ley en el nuevo Título Preliminar del Código Civil español y el problema de sus recíprocas relaciones. *IUS ET VERITAS*, v. 3, n. 5 p. 5-14. 1992.

DINIZ, Maria Helena. *Código Civil anotado*. 15. ed. rev. e ampl. São Paulo: Saraiva, 2010.

DINIZ, Maria Helena. *Curso de Direito Civil Brasileiro*. 27. ed. São Paulo: Saraiva, 2012. v. 2: Teoria Geral das Obrigações.

DONEDA, Danilo. Iguais mas Separados: O Habeas Data no Ordenamento Brasileiro e a Proteção de Dados Pessoais. *Cadernos da Escola de Direito*. ISSN 1678-2933. n. 09. 2008.

DONEDA, Danilo. A proteção dos dados pessoais como um direito fundamental. *Espaço Jurídico Journal of Law [EJJL]*, v. 12, n. 2, p. 91-108, 13 dez. 2011.

DRESCH, Rafael. *A especial responsabilidade civil na Lei Geral de Proteção de Dados*. 2020. Disponível em: https://www.migalhas.com.br/coluna/migalhas-de-responsabilidade-civil/330019/a-especial-responsabilidade-civil-na-lei-geral-de-protecao-de-dados. Acesso em: 08 de ago. 2020.

EHRHARDT JÚNIOR, Marcos. Responsabilidade civil ou direito de danos? Breves reflexões sobre a inadequação do modelo tradicional sob o prisma do direito civil constitucional. In: RUZYK, Carlos Eduardo Pianovski et al (Org.). *Direito civil constitucional* – A ressignificação da função dos institutos fundamentais do direito civil contemporâneo e suas consequências. Florianópolis: Conceito Editorial, 2014.

ESCANE, Fernanda Garcia. Os Princípios Norteadores do Código Civil de 2002. *Revista Eletrônica Direito, Justiça e Cidadania*. Disponível em: http://docs.uninove.br/arte/fac/publicacoes/pdf/v4-n1-2013/Fernanda_Escane2.pdf. Acesso em 08 ago. 2020.

FAJNGOLD, Leonardo; SALGADO, Bernardo; GUERCHON, Dan. Lucro da intervenção: a disciplina e os julgamentos pioneiros no Superior Tribunal de Justiça. *Revista Brasileira de Direito Civil* – RBDCivil, v. 21, p. 163-189, Belo Horizonte, jul.-set. 2019.

FARIAS, Cristiano Chaves de; BRAGA NETTO, Felipe Peixoto; ROSENVALD, Nelson. *Novo tratado de responsabilidade civil*. 4. ed. São Paulo: Saraiva Educação, 2019 (e-book).

FARIAS, Cristiano Chaves de; ROSENVALD, Nelson; BRAGA NETTO, Felipe Peixoto. *Curso de direito civil*: responsabilidade civil2. ed. rev., ampl. e atual. São Paulo: Atlas, 2015. v. 3.

FERREIRA, Raíssa Cristina de Moura; FREITAS, Raphael Moraes Amaral de. Responsabilidade Civil na LGPD: Subjetiva ou Objetiva. In: PALHARES, Felipe (Coord.). *Temas atuais de proteção de dados* [livro eletrônico]. São Paulo: Thomson Reuters Brasil, 2020.

FILOMENO, José Geraldo Brito. Dos direitos do consumidor. In: GRINOVER, Ada Pelegrini et al. *Código brasileiro de defesa do consumidor*: comentado pelos autores do anteprojeto. 9. ed. Rio de Janeiro: Forense, 2007.

FRANÇA, Limongi. Do objeto do direito obrigacional (1970). In: TEPEDINO, Gustavo; FACHIN, Luiz Edson (Org.). *Obrigações e contratos*: obrigações: estrutura e dogmática. São Paulo: Ed. RT, 2011 (Coleção doutrinas essenciais, v.1).

FRAZÃO, Ana. Fundamentos da proteção dos dados pessoais – Noções introdutórias para a compreensão da importância da Lei Geral de Proteção de Dados. In: FRAZÃO, Ana; TEPEDINO, Gustavo; OLIVA (Coord.). *Lei geral de proteção de dados pessoais e suas repercussões no direito brasileiro* [livro eletrônico] / 2. ed. São Paulo: Thomson Reuters Brasil, 2020a.

FRAZÃO, Ana. Objetivos e alcance da Lei Geral de Proteção de Dados. In: FRAZÃO, Ana; TEPEDINO, Gustavo; OLIVA (Coord.). *Lei geral de proteção de dados pessoais e suas repercussões no direito brasileiro* [livro eletrônico] / 2. ed. São Paulo: Thomson Reuters Brasil, 2020b.

FROTA, Pablo Malheiros. Direito do consumidor em perspectiva. In: MIRAGEM, Bruno; MARQUES, Claudia Lima; OLIVEIRA, Amanda Flávio. *25 anos do Código de Defesa do Consumidor*: trajetória e perspectivas. São Paulo: Ed. RT, 2016.

GOMES, Francisca Cardoso Resende. O conteúdo do direito fundamental à proteção de dados à luz do novo Regulamento Geral de Proteção de Dados: em especial, a problemática do controlo das decisões automatizadas. In: PEREIRA COUTINHO, Francisco e CANTO MONIZ, Graça (Coord.). *Anuário da Proteção de Dados 2020*. Lisboa: CEDIS, 2020.

GOMES, Maria Cecília Oliveira. Entre o método e a complexidade: compreendendo a noção de risco na LGPD. In: PALHARES, Felipe (Coord.). *Temas atuais de proteção de dados* [livro eletrônico]. São Paulo: Thomson Reuters Brasil, 2020.

GREGORI, Maria Stela. Bancos de dados e cadastros de consumidores. SODRÉ, Marcelo Gomes; MEIRA, Fabíola; CALDEIRA, Patrícia (Org.). *Comentários ao Código de Defesa do Consumidor*. São Paulo: Editora Verbatim, 2009.

GUARIENTO, Daniel Bittencourt; MARTINS, Ricardo Maffeis. *Accountability: a conformidade com o princípio da responsabilização e da prestação de contas*. 2019. Disponível em: https://migalhas.uol.com.br/coluna/impressoes-digitais/315690/accountability--a-conformidade-com-o-principio-da-responsabilizacao-e-da-prestacao-de-contas. Acesso em: 19 out. 2020.

GUEDES, Gisela Sampaio da Cruz; MEIRELES, Rose Melo Vencelau. Término do Tratamento de Dados. In: FRAZÃO, Ana; TEPEDINO, Gustavo; OLIVA, (Coord.). *Lei geral de proteção de dados pessoais e suas repercussões no direito brasileiro* [livro eletrônico] / 2. ed. São Paulo: Thomson Reuters Brasil, 2020.

GHISI, Silvano. Responsabilidade civil em matéria de proteção a dados pessoais no ordenamento jurídico brasileiro. *Revista Jurídica*, [S.l.], v. 2, n. 3, p. 273-288, set. 2018. ISSN 2595-945X. Disponível em: http://revistajuridica.fadep.br/index.php/revistajuridica/article/view/80. Acesso em: 23 out. 2020.

JAYME, Erik. Identité culturelle et intégration: le droit internationale privé postmoderne. *Recueil des Cours de l'Académie de Droit International de la Haye*, Haye, Nijhoff, 1995.

KFOURI NETO, Miguel; NOGAROLI, Rafaella. A aplicação do lucro da intervenção (*disgorgement of profits*) no direito civil brasileiro: um novo dano no campo da responsabilidade civil ou uma categoria de enriquecimento sem causa? In: TEPEDINO, Gustavo; MENEZES, Joyceane Bezerra de. *Autonomia privada, liberdade existencial e direitos fundamentais*. Belo Horizonte: Fórum, 2019.

KONDER, Carlos Nelson. Dificuldades de uma abordagem unitária do lucro da intervenção. *Revista de Direito Civil Contemporâneo*. v. 13. p. 231-248. out.-dez. 2017.

KONDER, Carlos Nelson; LIMA, Marco Antônio de Almeida. Responsabilidade civil dos advogados no tratamento de dados à luz da Lei 13.709/2018. In: EHRHARDT JÚNIOR, Marcos; CATALAN, Marcos; MALHEIROS, Pablo (Coord.) *Direito Civil e tecnologia*. Belo Horizonte: Fórum, 2020.

KRETZMANN, Renata Pozzi. *Informação nas relações de consumo*: o dever de informar do fornecedor e suas repercussões jurídicas. Belo Horizonte: Casa do Direito, 2019.

KROETZ, Maria Candida do Amaral. *Enriquecimento sem causa no direito civil brasileiro contemporâneo e recomposição patrimonial*. Tese de doutoramento – Programa de Pós-Graduação em Direito, ao Setor de Ciências Jurídicas e Sociais da Universidade Federal do Paraná. 2005.

LEVY, Daniel de Andrade. *Responsabilidade civil*: de um direito dos danos a um direito das condutas lesivas. São Paulo: Atlas, 2012.

LIMA, Alvino. *Culpa e risco*. 2. ed. rev. e atual. pelo prof. Ovídio Rocha Barros Sandoval. São Paulo: Ed. RT, 1998.

LIMA, Alvino. Da influência, no direito civil, do movimento socializador do direito. *Revista da Faculdade de Direito*, v. 35, n. 1, p. 199-213, Universidade de São Paulo, 1 jan. 1939.

LIMBERGER, Têmis. *O direito à intimidade na era informática*: a necessidade de proteção dos dados pessoais. Porto Alegre: Livraria do Advogado Editora, 2007.

LÔBO, Paulo. *Direito à privacidade e sua autolimitação*. Disponível em: https://www.academia.edu/38894562/DIREITO_%C3%80_PRIVACIDADE_E_SUA_AUTOLIMITA%C3%87%C3%83O?email_work_card=title. Acesso em 21 ago. 2020.

LOH, Stanley. *Volume, Velocidade, Variedade, Veracidade e Valor*: Como os 5 Vs do Big Data estão impactando as Organizações e a Sociedade. Porto Alegre, 2019.

LOPES, Teresa Vale. Responsabilidade e governação das empresas no âmbito do novo Regulamento sobre a Proteção de Dados. In: PEREIRA COUTINHO e G. CANTO MONIZ (Coord.). *Anuário da Proteção de Dados 2018*. Lisboa: CEDIS, 2018.

LORENZETTI, Ricardo. *Teoria da decisão judicial*: fundamentos de direito. São Paulo: Ed. RT, 2009.

MAGALHÃES, Rodrigo Almeida; DIVINO, Sthéfano Bruno Santos. A proteção de dados da pessoa jurídica e a Lei 13.709/2018: reflexões à luz dos direitos da personalidade. *Scientia Iuris*, Londrina, v. 23, n. 2, p. 74-90, jul. 2019.

MAGRANI, Eduardo. *A internet das coisas*. Rio de Janeiro: FGV Editora, 2018.

MAGRO, Américo Ribeiro. A (in)eficácia do direito à anonimização de dados pessoais em face da análise de big data dos metadados produzidos no âmbito da internet das coisas. In: TEIXEIRA, Tarcisio; MAGRO, Américo Ribeiro (Coord.). *Proteção de dados*: fundamentos jurídicos. Salvador: JusPodivm, 2020.

MARINHO, Maria Proença. Indenização Punitiva: Potencialidades no Ordenamento Brasileiro. In: SOUZA, Eduardo Nunes de; SILVA, Rodrigo da Guia. *Controvérsias atuais em responsabilidade civil*: estudos de direito civil-constitucional. São Paulo: Almedina, 2018.

MARQUES, Claudia Lima. O "diálogo das fontes" como método da nova teoria geral do direito: um tributo a Erik Jayme. In: MARQUES, Claudia Lima (Coord.). *Diálogo das fontes*: do conflito à coordenação de normas no direito brasileiro. São Paulo: Ed. RT, 2012.

MARQUES, Claudia Lima. A teoria do 'diálogo das fontes' hoje no Brasil e seus novos desafios: uma homenagem à magistratura brasileira. In: MARQUES, Claudia Lima; MIRAGEM, Bruno (Coord.). *Diálogo das fontes*: novos estudos sobre a coordenação e aplicação das normas no direito brasileiro. São Paulo: Thomson Reuters Brasil, 2020.

MARQUES, Claudia Lima. In: MARQUES, Claudia Lima; BENJAMIN, Antonio Herman; MIRAGEM, Bruno. *Comentários ao Código de Defesa do Consumidor*. 4. ed. rev., atual. e ampl. São Paulo: Ed. RT, 2013.

MARQUES, Claudia Lima; MIRAGEM, Bruno. *O novo direito privado e a proteção dos vulneráveis*. São Paulo: Ed. RT, 2012.

MARQUES, Claudia Lima; MIRAGEM, Bruno. Serviços simbióticos ou inteligentes e proteção do consumidor no novo mercado digital: homenagem aos 30 anos do Código de Defesa do Consumidor. *Revista do Advogado*. n. 147. p. 14-29. AASP, 2020.

MARQUES, Claudia Lima; MUCELIN, Guilherme. Responsabilidade civil dos provedores de aplicação por violação de dados pessoais na internet: o método do diálogo das fontes e o regime do

Código de Defesa do Consumidor. *Contraponto jurídico*: posicionamentos divergentes sobre grandes temas do Direito. São Paulo: Ed. RT, 2018.

MARTINS, Guilherme Magalhães; FALEIROS JÚNIOR, José Luiz de Moura. *Compliance* digital e responsabilidade civil na Lei Geral de Proteção de Dados. In: MARTINS, Guilherme Magalhães; ROSENVALD, Nelson (Coord.). *Responsabilidade civil e novas tecnologias*. Indaiatuba, SP: Editora Foco, 2020.

MATOS, Filipe Albuquerque. A compensação por danos não patrimoniais no Código Civil de 1966. In: BARBOSA, Mafalda Miranda; MUNIZ, Francisco. *Responsabilidade civil*: 50 anos em Portugal e 15 anos no Brasil. Salvador: JusPodivm, 2017.

MENDES, Laura Schertel. O direito fundamental à proteção de dados pessoais. *Revista de Direito do Consumidor*. vol. 79. ano 20. p. 45-82. São Paulo: Ed. RT, jul.-set. 2011.

MENDES, Laura Schertel. *Privacidade, proteção de dados e defesa do consumidor*: linhas gerais de um novo direito fundamental. São Paulo: Saraiva, 2014 (e-book).

MENDES, Laura Schertel. A vulnerabilidade do consumidor quanto ao tratamento de dados pessoais. In: MARQUES, Claudia Lima; GSELL, Beate. *Novas tendências do direito do consumidor*: Rede Alemanha-Brasil de pesquisas em direito do consumidor. São Paulo: Ed. RT, 2015.

MENDES, Laura Schertel; DONEDA, Danilo. Reflexões iniciais sobre a nova Lei Geral de Proteção de Dados. *Revista de Direito do Consumidor*. v. 120. ano 27. p. 469-483. São Paulo: Ed. RT, nov.-dez. 2018.

MENDES, Laura Schertel; FONSECA, Gabriel Campos Soares da. STF reconhece direito fundamental à proteção de dados: Comentários sobre o referendo da Medida Cautelar nas ADIs 6387, 6388, 6389, 6390 e 6393. *Revista de Direito do Consumidor*. v. 130. ano 29. São Paulo: Ed. RT, jul-ago. 2020.

MENDES, Pedro Pimenta. Restituição do lucro ilícito pela violação de direitos da personalidade. *Revista de Direito da Responsabilidade*. ano 1. p. 358-400. Coimbra, 2019.

MENEZES, Joyceane Bezerra de; LIMA, Martonio Mont'Alverne Barreto; COSTA, Adriano Pessoa da. Análise epistemológica da responsabilidade civil na contemporaneidade. *Revista Brasileira de Direito Civil* – RBDCivil, v. 21, p. 17-37, Belo Horizonte, jul.-set. 2019.

MIRAGEM, Bruno. Abuso de direito: ilicitude objetiva no direito privado brasileiro. In: TEPEDINO, Gustavo; FACHIN, Luiz Edson (Org.). *Obrigações e contratos*: obrigações: função e eficácia. São Paulo: Ed. RT, 2011 (Coleção doutrinas essenciais, v.2).

MIRAGEM, Bruno. *Curso de Direito do Consumidor*. 3. ed. rev., atual. e ampl. São Paulo: Ed. RT, 2012.

MIRAGEM, Bruno. *Direito Civil*: direito das obrigações. 2. ed. São Paulo: Saraiva Educação, 2018.

MIRAGEM, Bruno. *Direito Civil*: responsabilidade civil. São Paulo: Saraiva, 2015.

MIRAGEM, Bruno. *Eppur si muove*: diálogo das fontes como método de interpretação sistemática no direito brasileiro. In: MARQUES, Claudia Lima (Coord.). *Diálogo das fontes*: do conflito à coordenação de normas no direito brasileiro. São Paulo: Ed. RT, 2012.

MIRAGEM, Bruno. A Lei Geral de Proteção de Dados (Lei 13.709/2018) e o direito do consumidor. *Revista dos Tribunais*. v. 1009. nov. 2019.

MONTEIRO, António Pinto. Dano e acordo das partes. BARBOSA, Mafalda Miranda; MUNIZ, Francisco. *Responsabilidade civil*: 50 anos em Portugal e 15 anos no Brasil. Salvador: Juspodivm, 2017.

MONTEIRO FILHO, Carlos Edison do Rêgo; ROSENVALD, Nelson. Danos a dados pessoais: fundamentos e perspectivas. In: LONGHI, João Victor Rozatti; FALEIROS JÚNIOR, José Luiz de Moura; GUGLIARA, Rodrigo (Coord.). *Proteção de dados pessoais na sociedade da informação*: entre dados e danos. Indaiatuva, SP: Editora FOCO, 2021.

MULHOLLAND, Caitlin. Dados pessoais sensíveis e a tutela de direitos fundamentais: uma análise à luz da Lei Geral de Proteção de Dados (lei 13.709/18). *Revista de Direitos e Garantias Fundamentais*, v. 19, n. 3, p. 159-180, 29 dez. 2018.

MULHOLLAND, Caitlin. Responsabilidade civil por danos causados pela violação de dados sensíveis e a Lei Geral de Proteção de Dados Pessoais (Lei 13.709/2018). In: MARTINS, Guilherme Magalhães; ROSENVALD, Nelson (Coord.). *Responsabilidade civil e novas tecnologias*. Indaiatuba, SP: Editora Foco, 2020.

NELSON, Aline Virgínia Medeiros; BRAGA JUNIOR, Sérgio Alexandre de Moraes. Cláusulas gerais da responsabilidade objetiva previstas no Código Civil sob o foco do fornecimento de combustíveis e a repercussão nas relações consumeristas. *Revista Digital Constituição e Garantia de Direitos*, v. 4, n. 01, 16 out. 2013.

NERY JUNIOR, Nelson. Os Princípios Gerais do Código Brasileiro de Defesa do Consumidor. *Revista de Direito do Consumidor*. v. 3. jul.-set. 1992.

NEVES, José Roberto de Castro. O enriquecimento sem causa como fonte de obrigações. In: TEPEDINO, Gustavo; FACHIN, Luiz Edson (Org.). *Obrigações e contratos*: obrigações: estrutura e dogmática. São Paulo: Ed. RT, 2011 (Coleção doutrinas essenciais, v.1).

NORONHA, Fernando. *Direito das obrigações*. 4. ed., rev. e atual. São Paulo: Saraiva, 2013 (e-book).

NORONHA, Fernando. Enriquecimento sem causa. In: TEPEDINO, Gustavo; FACHIN, Luiz Edson (Org.). *Obrigações e contratos*: obrigações: estrutura e dogmática. São Paulo: Ed. RT, 2011 (Coleção doutrinas essenciais, v.1).

OLIVEIRA, Marco Aurélio Bellizze; LOPES, Isabela Maria Pereira. Os princípios norteadores da proteção de dados pessoais no Brasil e sua otimização pela Lei 13.709/2018. In: FRAZÃO, Ana; TEPEDINO, Gustavo; OLIVA, coord. *Lei geral de proteção de dados pessoais e suas repercussões no direito brasileiro* [livro eletrônico] / 2. ed. São Paulo: Thomson Reuters Brasil, 2020.

PAVAN, Vitor Ottoboni. *Responsabilidade civil contemporâneo e tutela da pessoa frente aos ganhos ilícitos*. Dissertação de Mestrado – Programa de Pós-Graduação Stricto Sensu em Ciência Jurídica – Universidade Estadual do Norte do Paraná. 2020.

PIOVESAN, Flávia. Migrantes sob a perspectiva dos Direitos Humanos. *Revista Praia Vermelha*. v. 25 n. 1 p. 1-297. Rio de Janeiro, jan.-jun. 2015.

PÜSCHEL, Flavia Portella. Funções e Princípios Justificadores da Responsabilidade Civil e o Art. 927, § Único do Código Civil. *Revista DireitoGV*. v. 1 n. 1. p. 091-107, maio 2005.

RAMOS, Lara Castro Padilha; GOMES, Ana Virgínia Moreira. Lei geral de dados pessoais e seus reflexos nas relações de trabalho. *Scientia Iuris*, v. 23, n. 2, p. 127-146, Londrina, jul. 2019.

REALE, Miguel. *Visão geral do projeto de Código Civil*. Disponível em: http://www.miguelreale.com.br/artigos/vgpcc.htm. Acesso em: 08. ago. 2020.

REBELO, Maria Paulo. Os desafios do Regulamento Geral de Proteção de Dados diante da nova tecnologia *blockchain*. In: PEREIRA COUTINHO, Francisco e CANTO MONIZ, Graça (Coord.). *Anuário da Proteção de Dados 2019*. Lisboa: CEDIS, 2019.

REINIG, Guilherme Henrique Lima; CARNAÚBA, Daniel Amaral. Abuso de direito e responsabilidade por ato ilícito: críticas ao Enunciado 37 da 1ª Jornada de Direito Civil. *Revista de Direito Civil Contemporâneo*. v. 7/2016. abr.-jun. 2016.

RODOTÀ, Stefano. Autodeterminação e laicidade. Trad. Carlos Nelson de Paula Konder. *Revista Brasileira de Direito Civil* – RBDCivil, v. 17, p. 139-152, Belo Horizonte, jul.-set. 2018.

RODOTÀ, Stefano. *A vida na sociedade da vigilância* – a privacidade hoje. Rio de Janeiro: Renovar, 2008.

ROSENVALD, Nelson. *As funções da responsabilidade civil*: a reparação e a pena civil. 3. ed. São Paulo: Saraiva, 2017.

ROSENVALD, Nelson. *A responsabilidade civil pelo ilícito lucrativo*. Salvador: Editora JusPodivm, 2019.

RUZON, Bruno Ponich. O Paradoxo na quantificação do dano moral nas relações de consumo. *Revista de Direito do Consumidor*. v. 78. ano 20. São Paulo: Ed. RT. p. 149-160. Abr.-jun. 2011.

SANSEVERINO, Paulo de Tarso Vieira. *Princípio da reparação integral* – indenização no Código Civil. São Paulo, Saraiva, 2010.

SANTANA, Héctor Valverde. *Dano moral no direito do consumidor*. São Paulo: Ed. RT, 2009.

SANTOS, Antonio Jeová. *Dano moral indenizável*. 7. ed. rev., atual. e ampl. Salvador: JusPodivm, 2019.

SARTORI, Ellen Carina Mattias; BAHIA, Cláudio José Amaral. *Big Brother is watching you*: da distopia orwelliana ao direito fundamental à proteção de dados pessoais. *Revista de Direitos e Garantias Fundamentais*, v. 20, n. 3, p. 225-248, 20 dez. 2019.

SAVI, Sérgio. Quando o ilícito não compensa: a solução dogmática para o lucro da intervenção. In: ROSENVALD, Nelson; MILAGRES, Marcelo (Org.). *Responsabilidade civil*: novas tendências. 2. ed. Indaiatuba, SP: Editora Foco, 2018

SAVI, Sérgio. *Responsabilidade civil e enriquecimento sem causa*: o lucro da intervenção. São Paulo: Atlas, 2012.

SCHREIBER, Anderson. *Direitos da personalidade*. 3. ed. rev. e atual. São Paulo: Atlas, 2014.

SCHREIBER, Anderson. *Novos paradigmas da responsabilidade civil*: da erosão dos filtros da reparação à diluição dos danos. 6. ed. rev. e atual. São Paulo: Atlas, 2015.

SCHREIBER, Anderson. Responsabilidade Civil na Lei Geral de Proteção de Dados Pessoais. In: DONEDA, Danilo et al. *Tratado de proteção de dados pessoais*. Rio de Janeiro: Forense, 2021.

SCHREIBER, Anderson; SILVA, Rodrigo da Guia. Aspectos relevantes para a sistematização do lucro da intervenção no direito brasileiro. *Pensar*. Fortaleza, v. 23, n. 4, p. 1-15, out.-dez. 2018.

SILVA, Rodrigo da Guia. *Enriquecimento sem causa*: as obrigações restitutórias no direito civil. São Paulo: Thomson Reuters Brasil, 2018.

SILVA, Rodrigo da Guia. Remédios no direito privado: tutela das situações jurídicas subjetivas em perspectiva civil-constitucional. *Revista de Direito Privado*. v. 98, p. 255-303, São Paulo, mar.-abr. 2019.

SILVA, Rodrigo Ichikawa Claro. *A função da responsabilidade civil quanto à moralização das condutas humanas*. 2020. Dissertação (Mestrado em Direito Negocial) – Universidade Estadual de Londrina, Centro de Estudos Sociais Aplicados, Programa de Pós-Graduação em Direito Negocial.

SILVA, Virgílio Afonso da. *A constitucionalização do Direito*: Os direitos fundamentais nas relações entre particulares. 1. ed. 3. tir. São Paulo: Malheiros, 2011.

SODRÉ, Marcelo Gomes. Objetivos, princípios e deveres da política nacional das relações de consumo: a interpretação do artigo 4º do CDC. In: SODRÉ, Marcelo Gomes; MEIRA, Fabíola; CALDEIRA, Patrícia (Org.). *Comentários ao Código de Defesa do Consumidor*. São Paulo: Editora Verbatim, 2009.

SOUZA, Eduardo Nunes de; SILVA, Rodrigo da Guia. Tutela da pessoa humana na lei geral de proteção de dados pessoais: entre a atribuição de direitos e a enunciação de remédios. *Pensar*, v. 24, n. 3, p. 1-22, Fortaleza, jul.-set. 2019.

TEIXEIRA, Tarcisio. *Curso de direito e processo eletrônico*: Doutrina, jurisprudência e prática. 3. ed. rev. atual. e ampl. São Paulo: Saraiva, 2015.

TEIXEIRA, Tarcisio; ARMELIN, Ruth Maria Guerreiro da Fonseca. *Lei Geral de Proteção de Dados Pessoais*: comentada artigo por artigo. 2. ed. rev., atual. e ampl. Salvador: JusPodivm, 2020.

TEPEDINO, Gustavo; OLIVA, Milena Donato. A proteção do consumidor no ordenamento brasileiro. In: MARQUES, Claudia Lima; MIRAGEM, Bruno (Coord.). *Diálogo das fontes*: novos estudos sobre a coordenação e aplicação das normas no direito brasileiro. São Paulo: Thomson Reuters Brasil, 2020

TEPEDINO, Gustavo; TEFFÉ, Chiara Spadaccini de. Consentimento e proteção de dados pessoais na LGPD. In: FRAZÃO, Ana; TEPEDINO, Gustavo; OLIVA (Coord.). *Lei geral de proteção de dados pessoais e suas repercussões no direito brasileiro* [livro eletrônico] / 2. ed. São Paulo: Thomson Reuters Brasil, 2020.

TERRA, Aline de Miranda Valverde; GUEDES, Gisela Sampaio da Cruz. Considerações acerca da exclusão do lucro ilícito do patrimônio do agente ofensor. *Revista da Faculdade de Direito – RFD-UERJ*. n. 28, p. 1-24, Rio de Janeiro, dez. 2015.

VAZ, Caroline. *Funções da responsabilidade civil*: da reparação à punição e dissuasão: os *punitive damages* no direito comparado e brasileiro. Porto Alegre: Livraria do Advogado Editora, 2009.

VENTURI, Thaís G. Pascoaloto. A construção da responsabilidade civil preventiva e possíveis instrumentos de atuação: a autotutela e as despesas preventivas. In: RUZYK, Carlos Eduardo Pianovski et al (Org.). *Direito civil constitucional* – A ressignificação da função dos institutos fundamentais do direito civil contemporâneo e suas consequências. Florianópolis: Conceito Editorial, 2014.

WARREN, Samuel; BRANDEIS, Louis. The right to privacy. *Harvard Law Review*, v. IV, n. 5, 1890.

XAVIER, Luciana Pedroso; XAVIER, Marília Pedroso; SPALER, Mayara Guibor. Primeiras impressões sobre o tratamento de dados pessoais nas hipóteses de interesses público e execução de contratos. In: FRAZÃO, Ana; TEPEDINO, Gustavo; OLIVA (Coord.). *Lei geral de proteção de dados pessoais e suas repercussões no direito brasileiro* [livro eletrônico] / 2. ed. São Paulo: Thomson Reuters.

ANOTAÇÕES